기독교는
영화와
드라마를
어떻게
보는가

주원규 지음

뉴스앤조이는 교회 권력을 감시하고 소외된 목소리에 귀 기울이며
건강한 신앙을 돕는 개신교 독립 언론입니다.
그리스도인들의 신앙 성숙을 돕는 출판 콘텐츠를 제작합니다.
www.newsnjoy.or.kr

기독교는
영화와
드라마를
어떻게
보는가

주원규 지음

들어가며

이 책은 기독 언론사 뉴스앤조이에 연재한 글을 모은 모음집으로. 전체 주제는 영화나 드라마 속에 나오는 캐릭터, 이야기를 통해 기독교적 세계관과 관계를 성찰하는 데 집중했다.

작가이기도 하지만, 필자의 또 하나의 정체성은 개신교 목회자다. 그리스도인과 작가의 정체성을 가지고 바라본 매체, 영화, 드라마에 나오는 기독교 묘사는 다분히 극단적인 희화화, 악마화에 치우치고 있는 걸 볼 수 있었다. 이에 관해 조금은 억울한 면도 있었고, 좀 더 중립적으로 전달하고 성찰하는 자리를 마련해 보고 싶었던 것이 이번 책을 펴내게 된 중요한 동기였다.

안타깝게도 작금의 현실에서 기독교에 대한 무관심과 혐오가 좀 더 깊어진 것 같다. 기독교인이나 성직자 캐릭터가 위선적으로 나오거나 희화화하는 건, 반대로 얘기하면 그만큼 애정이 있었다는 것이다. 목회자나 기독교인들은 그러면 안 되지 않느냐는 반문이 들어 있던 거다. 지금은 그런 기대들마저 많이 탈색돼 있다는 느낌을 받는다. 아예 악한 빌런의 모습으로만 쓰이는 것 같아서 안타까운 마음을 금할 길 없다.

하지만, 그 와중에도 찬란하게 빛나는 기독교적 메시지를 채굴하는 기쁨은 여전하다. 영화·드라마 내용에 전면적으로 기독교가 등장하지 않더라도, 그리스도교에서 말하는 희생이나 사랑, 인간의 공공성 등을 다루는 작품이 많다. 그런 작품에 나오는 인물들을 기독교적인 모티브로 들여다보고, 입체적으로 분석해 보고, 이해해 보는 게 필요하다고 본다. 그리스도인들이 대중매체를 전도의 도구로만 활용하려고 하지 말고, 한번 그 속에 흠뻑 젖어 들어 하나님의 생각과 마음을 찾아보면 좋겠다는 생각도 함께 담는다. 종교 안에 있다고, 특히 기독교 안에 있다고 사랑이 넘치는 건 아니다. 오히려 그리스도인이 말하는 사랑, 희생 같은 것들조차 고립된 관점에서 말해지고 있을 수도 있다. 기독교 밖에서도 인간다움에 관한 이야기, 넓은 관점에서 그리스도의 희생과 포용으로 해석할 수 있는 이야기들이 많다고 생각한다. 그런 작품들을 찾다 보면 정말 숨은 보석 같은 것들이 있기에, 그런 작품들을 본 책에 수록했다.

모쪼록 본 책을 통해 우리가 잠시 잊고 있었던 문화와 세계 속에 담긴 그리스도의 참 의미를 성찰하고 대중에게 비추는 기독교인들의 모습, 그 속에 담긴 솔직한 시선을 갖는 계기가 되었으면 좋겠다.

서울 충무로에서

주 원 규

목차

1부 영화

2부 드라마

* 영화 및 드라마 스포일러가 포함된 칼럼입니다.

1부 영화

나홍진 감독 신작

곡성

미끼를 물었다

곽도원 / 황정민 / 천우희

1

'곡성'

이방인 혐오에 관하여

영화 '파묘'의 인기로 오컬트 장르가 주목받았다. 과거 오컬트는 소수 마니아 취향으로 알려져 왔지만, 오컬트 장르 역시 탄탄한 스토리텔링을 가진다면 충분히 천만 영화 대열에 오를 수 있다는 가능성을 보여준 것이다. 그러나 이러한 성공 사례는 앞서 오컬트를 대표하는 기념비적 작품들이 있었기에 가능했다. 2천년대 한국의 오컬트 영화 계보를 논하는 자리에서 빼놓을 수 없는 작품 중 하나가, 바로 개봉 직후부터 많은 화제를 모았던 나홍진 감독의 영화 '곡성'이다.

한적한 시골 마을, 범부凡夫의 삶을 살던 마을 경찰 종구(곽도원 역)에게 기이한 사건이 출몰한다. 인삼을 키우던 마을 주민 조씨가 온몸에 피가 묻은 채로 수갑에 묶여 있는 것이다. 조씨는 온몸에 이상한 두드러기와 반점이 생겨 있었고, 눈엔 초점이 없었다. 처음엔 조씨의 증세가 인삼이나 버섯 알레르기의 일종으로만 알았다. 하지만, 조씨 사건은 괴기스러운 마을 내 사건들과 얽혀들면서 이상한 국면을 맞이한다. 그것은 마을을 떠도는 흉흉한 소문과 연결되어 있다. 마을 뒷산 깊은 곳에 붉은 눈에 사람의 눈을 가진 악귀가 출몰한다는 소문이 그것이다. 하지만, 이때까지만 해도 종구는 지극히 평범하고 겁많은 동네 경찰에 불과했다. 하나뿐인 딸 효진(김환희 역)에게 불길한 액운이 덮치기 전까지는 그랬다.

딸이 이상증세를 보이면서 종구는 마을을 떠도는 이상한 소문과 사건들이 최근에 마을을 찾은 한 외지인과 연관 되어있을지 모른다는 의심을 한다. 외지인은 얼마 전 곡성으로 이사 온 일본인이었다. 일본인에 관한 의심의 눈길이 깊어질 즈음 그 마을에 떠도는, 이름도 없이 떠도는 소녀 무명(천우희 역)이 종구에게 접근한다. 그녀는 외지인을 귀신이라며, 겁을 주고, 종구는 딸 효진이점점 이상한 증세에 시달리면서 외지인이 산다는 산속 집을 직접찾아가게 된다. 옛날부터 같이 알고 지낸 동생이자 성당의 신부가일본말을 조금 할 줄 안다는 정보를 듣고는 그를 데리고, 외지인의 거처를 찾은 것이다. 그곳에서 종구는 보고야 만다. 혹시 마을에서 일어나고 있는, 더욱이 자신의 딸 효진이에게서 일어나는 해괴한 일의 기원에 외지인이 자리 잡고 있진 않은지에 관한 결정적단서. 물론, 효진이의 이름이 새겨진 학교 실내화를 외지인의 집에서 발견한 건 작은 일이 아닌 건 확실하다. 하지만, 그렇다고 그

실내화가 외지인이 악귀일지도 모른다는 결정적 단서는 아닐진대 종구는 그렇게 믿어버린 것이다.

이후, 종구의 장모는 일련의 괴기스럽고 요살스러운 일을 잠재우기 위해 용한 무당을 섭외한다. 무광의 이름은 일광(황정민 역)이다. 어쩌면 재앙은 일광의 굿에서부터 시작되는지도 모른다. 아주 독한 놈이 집 안 장독대에 있다는 말을 빌미로 일광은 굿을 시작한다. 종구가 외지인을 만났다고 말하자 일광은 외지인은 사람이 아니라 귀신이라고 말하며 외지인을 향해 살을 날릴 것이라고 말하며, 위험을 극대화한다. 이후 전개될 위협과 광기는 영화 처음에 보여준 징후와는 비교할 수 없을 정도의 수위로 휘몰아친다.

영화 '곡성'은 빼어난 화면구성, 섬세하고 속도감 있는 연출력과 더불어 보이지 않는 미지의 세계에 관한 섬뜩하리만치 가혹한 징후에 주목하는 표현력이 돋보이는 수작이다. 거기에 덧붙여 영화

내적으로 우리가 주목해야 봐야 하는 건 바로 영화 속 외지인의 존재다. 일본인으로 추정되는 그는 분명 종구와 그의 통역관을 맡게 된 신부에게도 두려움과 혐오의 대상이었다. 하지만, 이 지점에서 묻지 않을 수 없다. 과연 외지인은 두려운 대상이었을까. 영화 마지막 동굴에 숨어 있던 외지인을 향해 유약해 보이기만 하는 신부는 그를 단죄하며, 신의 이름으로 저주한다. 그리고, 진심으로 죄를 참회한다면 기회를 주겠다는 뉘앙스의 말을 건네기도 한다. 하지만, 가만히 생각해 보면 그 외지인이 과연 진짜 악마_{惡魔,} Akuma인지, 험한 그 무엇이라고 볼 수 있는 근거는 희박하다.

영화 속 관찰자의 눈을 통해 살펴본 외지인, 그리고 그 주변 인물들의 소문이 내린 결론은 비교적 분명하다. 위험하다는 것이다. 하지만, 그가 외진 곳에 혼자 살고, 범상치 않은 제의를 집전하고, 서늘한 기운을 내뿜는다 해서 직접적인 두려움과 광기의 대상으로 규정하는 건 섣부르다. 게다가 종구의 두 귀와 정신을 어지럽게 하는 주변의 말들이 그의 마음에 내재한 외지인을 향한 증오와 혐오를 한껏 부추긴다. 주변 인물들은 그가 악마일지도 모른다는 말을 서슴없이 내뱉는다. 여기에 과학과 이성, 최소한의 인간다움의 상식은 설 자리가 없다.

엔딩 시퀀스에 등장하는 악마의 형상으로 돌변하는 외지인을 바라보는 성직자의 시선과 표정에도 주목할 만하다. 과연 외지인이 흉측한 형상으로 돌변하는 장면은 영화 속 실제인가, 아닌가. 숱한 해석의 여지를 남기지만, 분명한 건 성직자가 두려워했다는 것이고, 그 두려움의 기원엔 외지인이 우리 마을에 등장함으로써 험하고 흉한 일이 발생하기 시작했다는 근거 없는 추정에서 비롯된 혐오가 자리 잡고 있다. 흉측한 모습으로 변했다고 말하긴 해도 과연 외지인의 돌변한 그 모습을 혐오스럽다고 보는 시각은 어디에서 기원했는지 돌이켜 보면 이미 외지인을 악마로 규정해 놓은 우리의 눈과 생각, 그 편견의 비늘은 아닐는지 묻게 된다.

물론 주인공 종구에겐 절박한 명분이 있다. 딸 효진의 이상증세를 치료하기 위해선 무엇이든 해야 한다는 이유가 그것이다. 하지만, 그렇다고 외지인을 향한 혐오가 전제된 공격의 감정이 면피 될 수 있는 건 아니다. 종구가 정말로 딸을 보호하고 싶었다면 그 용하다는 무당 일광의 말을 맹신해서는 안 되는 것이었다. 묘한 영기靈氣를 뿜어내며, 자신이 보이지 않는 초자연적인 것의 지배자처럼 행세하는 무속인이야말로 어떤 근거로 믿을 수 있는지, 그 믿음의 근거야말로 희박하기 이를 데 없기에 그렇다. 하지만, 눈에 넣어도 아프지 않을 딸 효진이 급격히 악화하는 두려움 앞에서 종구의 영혼은 허물어져 버린다. '절대 돌아가지 말라.'고 경고하던 무명의 말도, 동굴에 갇혀 버린 외지인을 마음에 가둬버린 혐오와 편견의 감옥은 더 가혹하게 주인공의 영혼을 몰아쳤고, 속절없이 무너져 내렸다.

　　거듭 말하지만, 영화는 다양한 해석을 낳을 수 있다. 특히, 보이는 것과 보이지 않는 믿음에 관한 수많은 열린 결말을 지향하는

'곡성'의 경우라면 더더욱 그렇다. 그러한 열린 결말과 열린 해석을 허용한다는 전제하에 기독교적 시선에서 영화 속 외지인을 바라본다면 결국, 이방인을 바라보는 인간의 뿌리 깊은 체질적 거부감이 아닐지 싶다.

  그리스도인의 정체성은 도리 없이 이방인, 나그네일 것이다. 하지만, 우리는 끝없이 주류에 편입되길 갈망하고, 최소한의 구속력을 가진 집단의 일원이길 원한다. 여기서 그리스도인은 묻게 된다. 우리가 세운 하나님조차 스스로 세운 집단이기주의의 깃발이 아닌지를 의심하고 진정한 이방인의 위치와 특성에 관한 질문을 던지는 것, 그 질문에서부터 이방인의 정체성을 재정립하고 환대의 개념에 눈을 뜨는 것, 그것이 헛된 맹신을 닮은 믿음에서 벗어나 참된 자유의 믿음을 회복할 수 있는 첫 단추가 아닌지에 대해서. 물론, 이 역시 열린 해석이 담긴 질문임을 전제로 한다.

2

'밀양'

용서에 관하여

영화 '밀양(Secret Sunshine)'은 이제는 한국 영화의 클래식이라 말해도 무방할 정도의 위상을 가지고 있는 듯 보인다. 이창동 감독의 2007년 작인 '밀양'은 대한민국 영화대상에서 최우수 작품상을 받았다. 그 전년도 수상작인 봉준호 감독의 '괴물'이라는 흐름을 본다면, 굳이 수상 이력 자체의 중요성보다 이창동이라는 브랜드가 한국 영화 중흥기의 주요한 한 축이 되었다는 상징적 가치로도 충분히 평가받을 수 있겠다.

이제는 작고한 소설가 이청준의 단편 '벌레 이야기'를 원작으로 한 영화는 실제 범죄를 모티브로 하고 있다. 소설에서도 실제 모티브가 된 사건인 '주영형 사건(이윤상 유괴 살인 사건)'인 실제 범죄는 피해 아동을 납치한 진범이 알고 보니 피해 아동이 다니던 학교의 체육 교사였다는 사실이 가져온 충격으로도 고통의 여진과 상흔을 남겼다.

'밀양'을 한 문장으로 요약하면 남편과 사별한 주인공 신애가 남편의 고향 밀양으로 내려가면서 벌어지는 이야기라고 할 수 있다. 남편과의 사별 후 남편이 불륜을 자행했다는 사실을 뒤늦게 알게 된 신애(전도연 분)는 가족들을 피했지만, 아이러니하게도 남편의 고향이던 밀양으로 도피성 이사를 오게 된다. 오는 도중 신애의 차가 고장 나, 이를 고쳐 주게 되었는데, 출장 서비스를 나온 밀양의 토박이 정비소 사장 종찬(송강호 분)은 신애를 한눈에 보자마자 연모의 감정을 갖게 된다. 하지만, 신애는 종찬의 맹목적이면서도 거친 사랑을 표현하는 노총각 종찬을 불편해하고, 그 과정에서 밀양에 피아노 학원을 차리게 되는데, 편견의 눈으로 바라보던 지역 사람들에게 밀리고 싶지 않은 순진한 마음에 재산이 많은 것처럼 약간의 허세를 부르게 된다. 그리고, 그 작은 보호 본능에서 비롯된 허세는 신애를 지옥에 빠뜨리게 되는데, 곧 아들의 유괴라는 사건으로 발전되고 만다.

　신은 자비를 베풀지 않았다. 영화 '밀양'에서의 신은 분명 그렇다. 가혹하고도 허망하게 하나뿐인 아들을 살려달라며 매달리며 울부짖던 신애의 핏빛 호소에도 불구하고 아들 준은 차가운 시신이 되어 발견된다.

　아들을 잃고 실의에 빠져 있던 신애는 따스한 온정의 손길을 건넨 동네 약사의 손에 이끌려 기독교로 귀의하고 비로소 마음에 안식을 얻는 듯 보인다. 겉으론 많이 회복된 척하지만, 사실 집에선 홀로 눈물을 흘리며 아들을 생각하는 신애는 결국, 유괴범을 용서하는 것으로 자신의 치유된 자아를 인정받고자 한다. 하지만, 진짜 지옥은 이제부터 시작된다. 종찬과 교인들과 함께 유괴범을 만난 신애는 그 자리에서 끔찍한 영혼의 파괴를 겪는다. 면회 중이던 유괴범이 더없이 평안한 표정으로 신애가 용서해 주기도 전에 자신은 이미 '하나님에게 용서받았다'라고 선언하듯 말한 것이다.

유괴범의 그 말 한마디에 애써 붙잡고 있던 영혼의 평정심이 한순간에 붕괴한 신애, 이후 그녀는 교회를 찾아가 난동을 부리고 집회를 방해하고, 신을 저주하는 행동을 주저하지 않는다. 영혼의 평정심이 붕괴한 신애의 위태로운 불안을 지켜보는 일은 아무리 영화라 해도 처절하기까지 하다. 신애는 극도로 불안정한 심리 상태를 보여준다. 지렁이를 보고 놀라 소리 지르며 울기도 하며, 한밤중 교도소에 있던 유괴범이 자신에게 전화했다며 종찬에게 연락하며 신경질과 짜증을 부리기도 한다. 그녀의 저항심은 극단적으로 치닫게 되고, 보란 듯이 신애는 자신을 교회로 인도한 약국 부부 중 권사의 남편인 교회 장로를 교외로 유인한 뒤, 성적으로 유혹하는 일까지 벌이고 만다.

결국, 극단적으로 불안한 심리적 치료를 위해 입원을 하게 된 신애는 며칠간의 입원 치료 후 퇴원하게 되고, 새로운 마음을 가지려고 머리를 자르기 위해 미용실을 찾는다. 하지만, 절정의 증오는 독소처럼, 혹은 벗어날 수 없는 굴레처럼 신애를 기다리고 있었다. 공교롭게도 신애는 미용실에서 유괴범의 딸과 마주치고 만 것이다. 자기 머리카락을 자르는 살인자의 딸, 그 도저히 용서할 수 없는 굴레와 모순을 마주한 신애는 딸에게 근황을 물은 뒤, 그대로 미용실을 뛰쳐나와 집으로 돌아온다.

혼자 머리를 자르려는 신애의 곁으로 다가와 가만히 거울을 비춰주는 종찬의 미소, 그가 비춘 거울의 틈새로 은밀히 비추는 한 조각의 빛살을 끝으로 영화는 마무리된다.

영화 '밀양'이 발표된 이후, 이 영화는 줄곧 경계에 선 평가를 받아 왔다. 인간의 모순과 갈등을 돌파해 내려는 휴머니즘을 묘파해 냈다는 국내외 영화 전문가들이 호평과는 다른 기독교, 그중에서도 개신교를 향한 무조건적 비판과 공격으로 일관된 편파적인 영화라는 혹평 사이에서의 경계가 그것이다. 필자는 두 배우 전도연과 송강호의 열연이 낳은 빼어나고 유려한 감정선의 노출과 담담하지만, 무게감 있는 이창동 감독의 연출력만큼은 높이 평가하고 싶다. 하지만, 그와 반대로 영화적 주제 의식에서 놀라운 성과를 거뒀다고만 극찬하고 싶지는 않다. 이유는 감독이 의도하건 하지 않았건 '밀양'은 기독교가 말하는 용서의 의미에 관한 심층적 성찰의 첫 시작점에 선, 그래서 훨씬 더 많은 질문을 해결해야 할 난제를 남긴 영화이기 때문이다.

밀양에서 주목해야 하는 건 재앙의 당사자인 피해자가 마주한 실존의 비극이다. 영화는 피해자라고 말하기도 조심스러운, 인생의 단 하나의 희망이라 할 수 있는 아들을 잃은 엄마의 시점에서부터 본격적인 이야기를 시작한다. 전도연 배우가 맡은 신애의 세계와 영혼이 한순간에 무너져 내린 사건, 그 엄청난 사건 앞에서 존재가 신을 찾는 방향과 방식은 일반론 혹은 보편론의 시점과는 전혀 다른 것이어야 한다. 그 전혀 다른 지점에서 비극을 일으킨 가해자와 그 비극의 직접적 피해자가 된 모순을 직시해야 한다. 기독교가 말하는 용서는 어쩌면 그 모순의 극한에 빠져든 실존의 고통을 마주하는 것, 그 이상도 이하도 아니어야 할지도 모른다. 분명 조심스러운 접근이지만, 기독교는 실존의 비극 앞에서 보편적 원리인 죄와 구원, 용서를 말한다는 게 모순이란 사실을 긍정할 필요가 있다는 것이다.

기독교가 말하는 용서는 다분히 보편적 적용의 원리로 제시되는 경우가 빈번하다. 하지만, 결국 그 보편성이 실존의 현실에 육화되어 펼쳐지는 경우 더는 효용성을 발휘하기 어려워진다. 용서의 보편적 적용을 잣대로 기도하는 것, 공감해 주는 것, 심지어 교과서적인 대안을 제시하기 위해 위로하는 모든 말이 무력해지는 것이다. 아니, 무력을 넘어 그것은 폭력이다.

영화 '밀양'으로 돌아와 보자. 실존으로서 신애가 겪어야 하는 고통의 심연을 과연 누가 이해할 수 있는가. 감히 말하건대 그녀의 고통은 처음부터 이해와 공감의 차원이 아니다. 마지막까지 신애의 곁을 지키며 지켜보던 종찬 역시 그녀의 세계를 전혀 이해할 수 없었다. 안타깝게도 앞서 말한 폭력은 교회와 교회 구성원의 자만과 만용으로부터 시작된다. 신애의 실존을 모두 이해할 수 있다는 것처럼 힘주어 하나님의 사랑과 용서를 확신에 찬 어조로 이야기하는 교인들, 그들 역시 각자의 인생에서 겪은 말도 안 되는 실존의 고통과 모순 앞에서 당황하며 어이없이 하고 영혼이 무너져 내리는 경험들을 가졌지만, 그 모든 게 신의 뜻이라는 철저한 믿음의 고백으로 회피하고 뭉개 온 것이다. 신애가 교인들과 달랐던 점은 실존의 고통을 신의 뜻으로 받아들이기엔 자신이 겪은 상황 자체가 너무도 이해할 수 없었던 것, 그뿐이었다.

신애에게 강요한 또 하나의 폭력은 용서의 폭력이다. 하나님의 용서, 그리스도의 사랑과 희생, 이 엄숙하고도 성스러운 보편적 교리가 제시한 절대 극복의 사랑이 절대 용서로 돌변하고 만다. 신애가 아들을 유괴한 유괴범을 용서하겠다고 결심하게 된 계기는 무엇일까. 안타깝게도 그건 보편적 용서를 향한 과도한 욕망과 그 욕망이 당연한 하나님 사랑이라고 펼쳐 놓은 보편적 교리의 무정함에 있다. 오해는 말자. 그리스도의 사랑과 용서의 보편성을 거부하자는 게 아니다. 그것은 분명 고귀하고 거룩한 기독교의 불변 가치다. 하지만, 용서의 보편성을 받아들이는 것과 자신 앞에 놓인 실존의 고통을 외면하는 것은 차원이 다르다. 고통은 고통 그대로 남아 있는 것이다. 그 실존적 현실을 회피하거나 외면하는 것은 진짜 용서가 아니다.

2014년 세월호의 슬픔이, 2022년 가을, 재앙처럼 몰아닥친 이태원 참사의 고통이 우리 사회, 안전과 평화의 상식적 마지노선을 우습게 짓밟았다. 우리가 서로를 위무하고 함께해야 할 것은 실존의 극한적 고통 앞에 선 이들의, 끝을 모르고 주저앉는 아픔과 마주하는 것이다. 그와 더불어 우리의 불안한 미래에 닥쳐올지도 모를 비극의 징후를 최소화하기 위해 우리 사회, 우리 양심, 우리 제도가 개선해 낼 수 있는 것이 무엇인지 조금이라도 들여다보는 것, 그것이 참된 용서의 첫걸음을 떼는 것이다.

진정한 기독교적 용서는 타인의 고통을 함부로 이해했다고 말하지 않는 솔직한 고백에서부터 시작된다. 그런 맥락에서 영화 '밀양'은 어려운 숙제처럼 보편적 하나님의 사랑과 용서에 관한 실존적 질문을 요청하고 있다. 영화가 개봉한 지 제법 오랜 세월이 지난 지금까지도….

고통스런 사랑의 실천
페레이라
리암 니슨
"저들의 고통은
신이 아니라
자네만이 끝낼 수 있네"
종교 역사를 뒤흔든 충격적인 실화
SILENCE
사일런스
2월 대개봉

3

'사일런스'

신의 침묵에 관하여

"인간은 이리 슬픈데, 주여. 바다는 너무 파랗습니다." 굳이 종교인이 아니더라도 침묵에는 두 개의 길이 평행선처럼 나아 선다. 하나는 하나님의 침묵, 곧 신의 침묵이며, 또 다른 하나는 인간의 침묵이다. 그런데 침묵은 궁극적으로 상호관계적이다. 침묵이 존재한다는 건 상대가 침묵한다고 느끼는 순간이 지속하기 때문이다. 다시 말해 침묵하는 이와 그 침묵을 듣고 있는 이가 상호 공존하고 있다는 것이다.

신의 침묵은 인간의 고통에 대해 철저하리만큼 무정한 심판자의 얼굴로 나타난다. 인간은 이처럼 아픈데, 서글픔과 고통이 뒤얽혀 이처럼 견디기 힘든데, 신은 아무것도 표현하지 않는 것처럼 느껴질 때가 있다. 그때 인간은 신의 침묵 앞에서 견디기 힘겨워하거나 아님, 그렇게 고통스러워하는 순간들 속에서 단절로서의 절망을 꿈꾸기도 한다. 하나님은 더는 우리를 돌보지 않는다고 선언하고 차라리 그렇게 살아가길 원하는 것이다. 하지만 이 지점에서 인간은 묘하게도, 아니 역설적으로 신의 신음 앞에 선 인간의 침묵을 본다. 신은 인간이 쉴 새 없이 쏟아내고 있는 욕망과 끝을 알 수 없는 탐욕 앞에서 신음하고 아파한다. 그런데도 인간은 신의 고통 앞에서 철저히 침묵한다. 때론 외면으로, 때론 왜곡의 이름으로. 이처럼 두 관계에서의 침묵은 엇갈린 평행선처럼 보이지만 끝없이 얽혀들며 새로운 관계, 생명의 섬광을 일깨워 낸다. 엔도 슈사쿠의 '침묵'을 거장 감독 마틴 스콜세지가 영화화한 영화 '사일런스'는 바로 이러한 침묵의 문제를 극한의 심도와 심미로 담아낸 걸작이라 부르기에 손색이 없다.

　포르투갈 출신의 가톨릭 신부가 일본선교를 목적으로 갔다가 불교로 개종한 실화를 바탕으로 한 소설, 20세기 일본 문학 최고의 걸작이자 문제작으로 꼽히는 엔도 슈사쿠의 '침묵'을 원작으로 한, 스콜세지 감독이 각색만 무려 15년 가까이 준비한 끝에 제작한 영화 '사일런스'가 2017년에 국내에 개봉한 바 있다. 종교사 전체를 볼 때 가장 충격적인 실화로 알려진 작품인 영화 '사일런스'는 17세기, 일본으로 선교를 떠난 스승 '페레이라 신부 (리암 니슨)'의 실종 소식을 들은 '로드리게스 신부 (앤드류 가필드)'와 '가루페 신부(아담 드라이버)'가 그를 찾기 위해 목숨을 걸고 일본으로 향하는 내용으로 시작한다. 불교를 믿고 천주교를 박해하는 곳에서 두 신부는 비밀스럽게 믿음을 이어가고 있는 숨은 신자들과 마주하게 된다. 상상을 초월하는 처참한 광경을 목격한 두 신부는 고통과 절망에 빠진 이들에게 침묵하는 신을 원망하면서 그처럼 견고해 보이던 절대적 믿음마저 흔들리게 된다.

영화 '사일런스'는 인간이 느끼는 믿음과 의심, 이해와 타협, 유약함에 대한 것을 담았으며, 동서양 문화의 차이, 제국주의와 같은 정치적 이슈를 보여주기도 한다. 제목과 어울리는 정적인 분위기 속에서 천주교에 대한 잔인한 박해와 신자들이 받는 고통과 신부들의 고뇌를 고스란히 전달해 준다.

신부들의 고뇌, 그 극한에서 침묵은 두 가지 양태와 숙명을 갖고 새롭게, 전혀 다른 방향으로 재연된다. 로드리게스 신부는 결국 페레이라 신부를 만난다. 페레이라는 포르투갈 현지에서 들었던 불길한 소문 그대로 그리스도교를 배신하고 철저한 일본 불교 신자로의 면모를 보인다. 그런 페레이라가 로드리게스에게 말한다. 예수님이 여기 계셨어도 후미에 (성상)을 발로 밟고 모독했을 거라고. 수백, 수천 번도 배교 행위를 보여줬을 거라고. 그 이유는 단순하지만 강렬하다. 배신하지 않으면 하나님의 아들, 딸들. 고통 당하는 우리의 형제, 자매가 대신 학살 당하기 때문이다.

영화 '사일런스'는 인간은 실존적 모순을 적나라하게 드러낸다. 물론 이 지점에서 앞선 칼럼에서 다뤘던 영화 '밀양'의 경우와 같이 다소 거칠고 위악적인 모순의 전개를 허락한다. 위악적이란 인간이 당면한 과제의 모순을 극단적으로 밀어붙인다는 점에서 그렇다. 하지만, 생각하지 않을 수 없는 건 영화 '밀양'의 모티브가 된 사건 역시 실제 유괴 사건의 피해자가 엄연히 존재한다는 점이며, 지금 우리가 목격하고 있는 영화 '사일런스' 역시 그 원작의 배경이 되는 일본 시대의 배교 강요와 종교 탄압 역시 엄연한 사실에 기인한다는 점이다. 그 역사적 사실이 우리에게 모순의 회피와 배제의 문법을 당혹스럽게 뒤흔든다. 더욱이 그리스도인에게라면 그 흔들림이 더더욱 가혹하기만 하다.

영화의 마지막에 가서 모순이 더욱 극한적 상황, 비극의 한 장면으로 점철된다. 배교한 두 신부가 죽을 때까지 하는 일은 일본 내에 유입된 가톨릭 포교의 흔적과 징후를 색출해서 일본 지도층에게 고발하는 일이다. 이른바 배교의 적극적 선도자가 된 것인데, 영화는 마지막 장면에서 배교가 체질화되어 수습할 수 없는 지경에 이른, 참담한 종교적 침묵을 강요받는 두 신부의 마지막 저항의 날갯짓을 은밀히, 아무도 모르게 성호를 긋는 행위를 통해 일말의 위로나 희망을 던지고자 한다. 그들은 역사적 비극과 모순의 실존 앞에서 어쩔 수 없는 선택을 했지만, 그 마음 깊이 내재해 있는 생명과 복음에 관한 열망만큼은 막지 못했다는 식의 메시지를 언뜻 던지는 것처럼 보이는 것이다.

하지만, 우리는 이 대목에서 또 하나의 성찰을 요청받는다. 과연 종교는 무엇인가? 그리고, 신념의 뒤란에는 무엇이 자리 잡고 있는가, 하는 질문….

당시 일본선교에 파견된 이들의 종교와 신념은 동일시의 수준을 넘어서서 거역할 수 없는 순명(順命)과 같은 것이었다. 예수의 복음을 온 누리에 전파해야 한다는 종교적 가치는 인간이 품고 있는 신념 혹은 수행 종교인 불교의 신념 체계를 넉넉히 압도한다. 두 개념 사이에 균열이란 있을 수 없다. 이것을 기독교는 절대 명제, 혹은 도그마라고 명명한다.

　하지만, 균열은 비기독교 세계에 자리 잡은 신념의 체계화와 그 체계의 만성적 공고화와 충돌하면서부터 본격화된다. 당시 가톨릭 종교와 신도들을 무자비하게 핍박하던 일본의 무정한 잔학함은 별도로 하고, 당시의 일본은 서양 종교가 그들의 신념 체계를 흔든다고 판단하고, 무조건적 배격의 행위를 실존적 현실에 가감 없이 배설한다. 하지만, 그 배설의 무도함 앞에서 종교적 소명은 언제까지라도 불변하는 고결한 가치 앞에서 흔들림 없이 나아가야만 했다. 그러면서 동시에 균열의 틈새로 신을 향한 절대적 신앙의 투철함과 인간을 향한 끝없이 약하거나 악한, 이중의 모순과 번민

속에서 오열할 수밖에 없는 유약한 개인을 발견하고 만다. 결국, 어떤 이는 균열의 끝에서 종교적인 일정 부분의 성취를 거두기도 하지만, 대부분은 연약한 개인은 가혹한 핍박 앞에서 좌절한다. 좌절한 자는 배교의 고통 속에서 철저한 내적 회개를 통해 일말의 구원을 갈망하기도 하며, 자포자기하기도 한다.

그러므로 이 실존적 모순은 어쩌면 종교적 도그마를 적용할 수 없는 서로 이질적인 세계의 간격에 관한 인정을 담보로 하지는 않는지 하는 질문을 소환하게 한다. 기독교 복음의 절대 순수가 아무리 철저한 종교적 신념과 의지에서 비롯된 숭고한 것이라 하더라도 그 순수의 적용이 순수에 관한 훼손 없고, 중단없는 밀어붙임이어야 한다는 실천 강령이 덧씌워진다면, 그 싸움은 반대로 종교적 소명이 신념 체계로 약화했지만, 체제의 공고화가 신념의 절대 순위로 자리 잡은 이질적 세속세계에서 대항이나 대화할 수 있는 동력을 잃어버리고 오히려 종교의 순수가 펼쳐 놓은 완전무결한 신의 섭리에 관한 의심과 절망의 절벽만 마주하게 될 것이다. 이제 더는 하나님이 우리의 기도를 들어주지 않는다는 절망감, 혹은 우리가 종교적 충성을 다하지 못한 결과로 엄중하고 의로운 심판을 내리신다는 죄책감과 당위론적 자책 사이에서의 갈등과 절망이 심화하면서 그리스도인은 하나님의 침묵을 또 다른 생명의 언어로 이해하거나 새롭게 질문해 볼 가능성 자체를 압살당하는 진짜 모순과 마주하게 된다. 하나님의 침묵, 비기독교의 무정과 잔학이 창궐하는 현실 앞에서 우리는 하나님의 언어와 인간의 언어 사이에서의 차이를 긍정하기보다 신의 가혹한 형벌 내지는 배교의 유혹으로 종교가 품은 도그마의 완고함을 보게 되는 것이다.

소설 원작인 엔도 슈사쿠의 '침묵'도, 마틴 스콜세지 감독의 '사일런스' 모두 실존의 모순 앞에서 겪는 인간의 근원적 고통에 관한 조망을 다루고 있지, 이에 관해 인간이 나아가야 할 종교적 방향을 선명히 제시하지 않는다. 실종되었던 페레이라 신부의 배교가 현실에 굴복한 일그러진 종교인의 초상이라고도 단정하지 않으며, 반대로 적극적으로 페레이라 신부가 인간적이라고 옹호하지도 않는다. 다만 비기독교의 엄혹한 지뢰밭 속에서 왜 인간은 이 고통의 순간순간 속에서 하나님을 찾아야 하는지, 그리고 이 끔찍한 현실과 마주하는 하나님의 침묵 앞에서, 극한의 모순을 겪으면서도 왜 하나님과 계속 소통하려 하는지, 이 풀릴 길 없는 신비의 미로에 관해 말하고 있다. 그 미로를 헤매는 실존의 고통 앞에서 그리스도인은 침묵을 새로운 언어로 배우고 만다. 하나님과 나의 언어로 말이다.

수많은 모순과 다름으로 뒤엉켜 있지만 결국 그 침묵의 언어가 '나'와 하나님을 만나게 한다. 모순과 고통이 해결되지 않더라도 침묵은 새로운 생명의 숨길을 다시 뛰게 만드는 것이다. 그렇기에 생명의 숨길은 인간의 눈에 여전히 아득하고, 여전히 짙푸를 뿐이다. 더 깊고 푸른 바다처럼.

세**96**회 아카데미시상식 **5**개 부문 노미네이트

국제장편영화상 | 음향상 수상

"이토록 완벽한 집이 또 있을까요?"

제76회 칸영화제
심사위원대상

당신을 눈 뜨게 할 잔혹한 마스터피스

존 오브 인터레스트

2024.06.05

〈언더 더 스킨〉 조나단 글레이저 | 〈하얀 리본〉 크리스티안 프리델 〈추락의 해부〉 산드라 휠러

JONATHAN GLAZER A24 FILMS · ACCESS · THE POLISH FILM INSTITUTE · JW FILMS · EXTREME EMOTIONS PRODUCTION · MARTIN AMIS

CHRISTIAN FRIEDEL SANDRA HÜLLER FRANZ ROGENBACHER EUGÉNIE DERABAE MICHAEL SCHIWINOWICZ JAMES A. WILSON RICHARD T. LOVE GUILLAUME HENGELE

MAGDALENA KARPIUK JOHANNE BAIL ALEXANDRA MUTEMO MARCEL LINA SCHWICZKART JOHNNIE BURN MICA LEVI PAUL WATTS CHRIS ODDY

LUKASZ ZAL DARTEN KARKOW ROBB KARTES KEVIN ANTONIADES JEN BLAKSTOK JOANNE CORREN TESSA ROSS ELLIE MADDEN DANIEL BATTSEY DAVID KIMBARO

JAMES WILSON EWA PUSZCZYNSKA JONATHAN GLAZER A24 FILM · THE POLISH FILM INSTITUTE · JW FILM

〈미드소마〉 〈에브리씽 에브리웨어 올 앳 원스〉 A24

4

'존 오브 인터레스트'

평범함과 악에 관하여

2023년 칸 영화제에서 심사위원 대상(그랑프리)를 받고 연이어 2024년 오스카 국제 장편영화 상과 음악상을 수여한 화제작이자 문제작, '존 오브 인터레스트'(The Zone of Interest)가 국내에도 개봉해 예술 영화로서는 적잖은 흥행과 평단의 호평을 받았다. 이 영화를 찍은 조너선 글레이저 감독은 원래 광고와 뮤직비디오 감독으로도 유명했던 것만큼 절제된 사운드와 격조 높은 미쟝센, 거기에 극도로 대비되는 연상작용을 도입해 기술적인 완성도에서도 높은 평가를 받고 있다.

영화 '존 오브 인터레스트'를 한마디로 요약하면 폴란드의 작은 공업 도시 오시비엥침에 거주하는 한 독일인 가족의 이야기다. 가장의 이름은 루돌프 회스(크리스티안 프리델), 그는 담장 너머 직장으로 출퇴근하며, 규칙적이고 평범한 일상을 살아낸다. 아내 헤트비히(산드라 휠러) 역시 정원을 가꾸는 일에 유독 힘을 쓰는 것 외엔 지극히 평범한 일상에 젖어 있다. 다섯 명의 자녀들 역시 그 또래 아이들이 할 수 있는 놀이를 즐기며 비교적 넓은 집 마당 이곳저곳을 자신들의 놀이터로 삼는다. 이렇듯 영화에서 그려진 가족의 일상은 지극히 평범하다. 부연하자면 한 번쯤 꿈꿔봤을 전원 속 삶이라는 것 정도. 하지만, 이 한 가정의 가장, 루돌프 회스가 행한 일을 들여다보면 이야기는 전혀 다른 긴장감으로 돌변한다.

그의 직장은 바로 아우슈비츠 절멸수용소였고, 그의 직책은 수용소장이다. 수백만의 유대인 양민을 가스실에 밀어 넣어 학살하는 일이 그의 직업이요, 임무요, 일상이다. 그의 아내가 가꿔 왔던 정원의 꽃들 역시 끔찍하게 담장 넘어 수용소에서 벌어지는 참상을 그 역시 겉으로 드러난 끔찍한 아름다움으로 포장한 선물에 불과했다.

감독은 지독할 만큼 집요하게 피해자의 시선이 아닌 아우슈비츠 대량 학살의 주역이 가장으로 있는 한 가족의 평범한 일상을 그리고 있다. 하지만, 그들이 평범한 일상을 영위하면 할수록 관객들의 마음의 눈은 그 일상 뒤에 감춰진 죽음의 아우성을 듣게 된다. 이따금 뿜어져 나오는 굴뚝의 연기, 잔잔하게 흘러 내려오는 강의 물결 사이로 스며들어 온 재의 흔적, 영화를 보는 내내 우리의 귀를 가혹하게 압박하는 저음역부에 깔리는 집요하리만치 육중한 소음 등이 관객들을 불편하게 한다.

역사는 분명히 기억하고 있다. 인류 최대의 살인 공장이었던 아우슈비츠의 계보, 그것은 희대의 독재자 아돌프 히틀러에서 시작해 하인리히 힘러, 아돌프 아이히만를 거쳐 수용소장 루돌프 회스로 이어진다. 학살의 계보, 그 끝에 선 마지막 실행자인 회스가 바로 '존 오브 인터레스트'의 주인공이자 아우슈비츠 절멸수용소의 소장인 것이다.

그는 실존 인물이며, 무려 하루 최대 2천여 명의 유대인을 가스실에서 학살할 수 있도록 시설을 정비하는 데 밤낮 힘썼다. 어디 그뿐인가. 전쟁이 막바지로 치닫던 1944년 5월부터는 불과 56일 만에 44만 명에 달하는 헝가리 유대인을 아우슈비츠로 수송해 대부분을 가스실에서 사망케 한 일명 '회스 작전'을 전개했다. 그 작전은 지금도 아우슈비츠를 홀로코스트의 대명사로 만들게 한 악의 축으로 기억되고 있다.

감독 조너선 글레이저는 왜 이런 접근과 스타일의 영화를 찍었을까. 그는 기존의 홀로코스트 영화가 피해자 중심으로 보는 시선을 다른 각도에서 바라보고 싶다고 밝혔다. 그가 밝힌 가해자의 시선으로 본 영화 연출의 변에서 가장 서늘한 지점은 다음 대목이다. 관객인 우리를 너무나 수월하게 희생자들의 아픔과 동일시하는 접근에서 한 걸음 물러서서 우리 내부에 자리 잡은 가해자와의 유사성에 주목해 보는 시도가 필요하다고 밝힌 그의 말은 지금도 필자의 심장에 서늘한 여운을 남기고 있다.

영화 '존 오브 인터레스트'를 보며 가장 중심으로 떠오르는 주제 혹은 개념은 단연 악의 평범성이었다. '악의 평범성'(banality of evil)은 유대계 독일 철학자가 한나 아렌트의 저술에서 본격화한 용어다. 뉴요커지와 계약을 맺고 나치 전범인 아돌프 아이히만, 곧 영화의 회스보다 한 단계 위에서 작전을 진두지휘한 인물의 재판을 취재한 끝에 나온 개념이 바로 악의 평범성이다. 한나 아렌트는 홀로코스트의 핵심 주역 아이히만의 '자신은 그저 공무원으로서 상부의 명령에 따른 것일 뿐'이라는 진술에 주목했다.

그 후, 한나 아렌트가 내린 잠정적 결론은 '악의 얼굴은 평범하다.'라는 것이었다. 인류사 최대의 비극인 홀로코스트는 오컬트 집단의 교주나 사이코패스가 저지른 게 아니라 그저 지극히 평범한 사람이 아무 생각 없이 자행한 임무의 연장에서 벌어진 비극이라고 설명한 '악의 평범성'은 당시엔 큰 논쟁이 되기도 했지만, 지금은 비극적 사유의 한 개념으로 빠지지 않고 등장하고 있다.

한나 아렌트의 통찰이 빛나는 '악의 평범성'에서 우리는 악이 특별한 얼굴의 악의를 가지고 사회를 위협하지 않는다는 점에서 더한 두려움을 느낀다. 평범한 우리의 일상 한가운데에 악이 숨어든 채로 언제 어느 때 삶의 한 부분을 고스란히 무너뜨릴 수 있다는 사실의 발견은 그 예측 불가의 특성으로 인해 더한 불안을 호소하게 하는 것이다.

'악의 평범성'은 수차례 성경을 통해서도 경고되고 있다. 가만히 공동체 안으로 스며들어 온 거짓 형제에 관한 경고(갈라디아서 2장 4절), 겉으로는 천사의 얼굴을 하고 있지만, 그 속을 들여다보면 야만의 이빨을 감춘 늑대라는 식의 가르침 등이 그것이다. 사람의 겉모습, 첫인상으로는 그 존재가 어떤 악의로 무장되어 있는지를 좀처럼 알 수 없는 법, 그것이 바로 평범한 일상 뒤에 감춰진 악의 모습일 것이다.

여기에 또 하나. 자신이 하는 행위나 자신의 마음 깊이 내재하는 그 동기의 사악함을 사악함으로 인지하지 못하는 평범함도 악의 다른 얼굴로 도사리고 있다. 영화 속 주인공은 자신이 수행하는 도살자의 끔찍함을 보편 윤리의 기본 감각으로 보지 않고, 국가가 자신에게 부여한 고결한 사명 내지는 숭고한 의무로 인지하고 있는 게 틀림없다. 물론 자신이 꾸려 나가는 일상의 이기주의, 가족의 안위와 평온을 위해 임무를 수행하는 직업윤리 차원에서 일하는 것도 평범이겠지만, 당시 그들을 에워싼 시대적 환경은 평범의 기준을 국가를 향한 무조건적 헌신, 곧 숭고한 가치 추구를 위해선 어떤 행위든 불사하겠다는 초월적인 충성심을 지극히 평범하고 당연한 것으로 여기는 풍토가 흐르고 있었다. 아우슈비츠에서 그토록 많은 유대인을 학살하고도, 그들의 머릿속에 내재하고 있는 강고한 인식구조는 이것은 학살이 아니라 절대복종해야 할 상사, 더 나아가 한 치의 의심도 할 수 없는 국가의 부름에 의한 것이란 믿음이 작동하는 것이고, 그 믿음이 '악의 평범성'으로 나타난 것이다.

　필자는 마지막으로 여기에 '평범'이란 기준, '평범해야' 한다는 당위가 가져온 왜곡된 광기에 관해 진단해 보고, 그 광기가 오늘의 교회를 어떤 중층의 악으로 포위하는지 살펴보고자 한다. 국가의 부름이나 계급 세계의 일원의 경우, 계급의 높고 낮음에 관계없이 소속된 자리에서 이탈되는 것을 끔찍하게 생각하기 마련이다. 이 경우 주어진 '평범함'이란 소속감을 박탈당하지 않고, 어떤 조직, 어떤 가족, 어떤 시스템이든 자신을 감싸주는 현상적 안온함에 머물고 거기서 소소한 행복을 느끼려는 감정 일반을 뜻한다. 그리고, 필사적으로 평범의 기준에 맞춰가려고 노력하는데, 문제는 이 노력이 자본주의 사회, 더 넓게 말해 체제 중심의 사회에서는 필연적으로 타인을 할퀴고 짓밟아야만 확보할 수 있는 경쟁과 출혈의 산물이란 점이다.

우리는 너무 쉽고 당연하게 말한다. '평범하게 살고 싶어.' 혹은 '평범하게 살기 싫어'라고. 그런데, 그 평범의 기준이 과연 무엇일까. 중산층답게 나이가 들면 적당한 수준이 연봉을 받고, 결혼해 자녀를 낳고, 적당한 교회에 다니고, 적당히 봉사하고, 주말이면 적당히 외식하는 등등. 이 정도면 적당히 욕 듣지 않고 모범 시민으로 살아가는 게 아니냐는 소리를 듣기 위한 몸짓이 아니던가. 그런데, 이 평범함이 기본이 되어버린다면 정말 안타깝게도 비극은 소리소문없이 찾아올 것이다. 왜냐하면, 내 가족, 내 교회, 내 공동체, 내 국가를 지키기 위한 노력은 한정된 재화의 세계에서 필연적으로 타인의 가족, 교회, 공동체, 국가를 향한 비난과 약탈을 초래할 수밖에 없기 때문이다.

'존 오브 인터레스트'의 주인공과 그 가족들은 가해자의 위치란 점을 배제한다면 지극히 일상적인 삶을 추구하고 있다. 자신이 일군 집 앞마당의 정원, 그 정서적 안온함을 잃고 싶지 않은 마음이 진심인 게 그들의 평범함이다. 시대적 차이는 있겠으나 그때, 그들의 평범함 역시 조직 내에서 이탈되지 않으려 하고 어딘가에 반드시 소속되어야만 한다는 절대 기준으로서의 평범함이 아니던가. 그리고, 그 평범을 욕망하는 태도가 인간의 심연 깊은 곳에 도사리고 있던 야만의 악을 길어 올리는 모습을 우리는 똑똑히 보고야 말았다. 수백만 명이 넘는 학살의 역사는 허구의 상상력이 절대 아니다. 엄연히 우리 인류사에서 실제로 일어난, 결코, 잊지 않고 마주해야 할 엄연한 현실이다.

이러한 역사 앞에서 과연 교회는 무엇을 말해야 할 것인가. 선동이나 강요는 아니어야 하겠지만, 최소한 교회는 이 '평범성'의 개념에 관해 새롭게 질문해야 하지 않을까. 예수가 땅에 머리 둘 곳이 없다고 한 말(마태복음 18장 20절), 바울이 모든 것을 배설

물로 여긴다는 말(빌립보서 3장 8절)들을 귀에 들리는 대로 낭만적인 떠돌이 정서, 세속세계의 허무함을 한탄하는 정도로만 읽히지 말아야 한다. 이 외침들이 공통으로 가리키는 바는 명백하다. 홀로 떨어져서 주체적으로 사유하고 눈을 뜨려는 시도에 재갈을 물리고 귀를 막게 하는 평범이란 개념을 가장한 집단 무의식의 광기를 향해 던지는 일종의 경고장인 것이다. 집단 무의식의 광기가 악을 낳고 시대의 소외를 낳고, 끝을 모르고 치닫는 광기를 생산해 왔다. 또한, 오늘의 교회는 이미 충분히 이 광기 생산의 전진기지로 전락할 위기와 경계에 서 있다. 평범하게 사는 것, 그 평범함의 바탕 위에서 예수님 사랑, 이웃 사랑을 이야기하는 것. 평범하지 않다고 여기는 이들을 동정의 시선 내지는 숨겨진 혐오의 시선으로 바라보는 일 따위를 당장 멈추는 것, 그 멈춤을 우선하는 것이 예배의 본질이 되어야 하는 이유가 바로 여기에 있다.

"평범함이 면죄부를 받을 순 없다."

5

'무뢰한'
의인에 관하여

2015년에 개봉해 그해 부일영화
상 최우수작품상을 수상한 <무뢰한>을 연출한 오승욱 감독의 작
품세계는 제법 독특하다. <초록물고기>, <8월의 크리스마스> 등
한국영화의 리얼리즘과 멜로의 모범으로 평가받는 영화의 시나리
오를 집필하기도 한 그는 2000년에 <킬리만자로>란 다소 거칠고
마니아적인 영화로 데뷔한 뒤, 오랜 침묵을 지켜오다 15년 만에

하드보일드 멜로라는 한국 영화시장에서는 여전히 생소한 장르로 평가받는 <무뢰한>이란 작품을 선보였다. 안타깝게도 당시 관객수는 41만명에 머물러 160만 정도는 채워야 했던 손익분기를 맞추지 못한 흥행실패작이란 꼬리표를 달아야 했지만, 이후의 평가는 전혀 달랐다. 칸의 여왕 전도연과 현재 드라마, 영화 등의 분야에서 빼어난 기량을 뽐내는 김남길의 빼어난 감정 연기가 다시 주목받았다. 또한, 하드보일드멜로라는 장르가 가진 거칠면서도 섬세한 스토리텔링이 이른바 N차 관람의 물꼬를 트고 있다. 한 편의 영화가 가진 힘을 단지 당시의 흥행이나 언론의 주목도에만 두지 않아야 한다는 여러 평론가와 영화애호가들의 주장을 입증한 모범 영화가 되어준 것인데, 이는 결국 <무뢰한>이란 한 편의 영화가 발산하는 전체 이야기 속 숨어 있는 중층의 함의를 발견하고 음미하고 공감하는 일을 소중히 생각하는 이야기의 힘에서 비롯된 것으로 볼 수밖에 없다.

영화 속 주인공 정재곤(김남길 역)은 서울 용산경찰서 소속 형사로 강력사건 해결에 나름 특화된 강력계 형사다. 그런 그의 사건 리스트에 박준길(박성웅 역)이란 피의자가 들어온다. 자신의 애인을 공갈, 협박하던 인물을 살해한 뒤 종적을 감춘 그는 그야말로 위험천만한 인물이다.

　　시한폭탄 같은 위험인물 박준길을 잡을 수 있는 유일한 실마리는 그의 애인 김혜경(전도연 역)뿐이다. 비릿한 어둠의 밑바닥 인생들의 심리를 꿰뚫고 있는 형사 정재곤은 확신한다. 애인을 협박한 남자를 살해한 박준길의 위험성, 그 근원에 살아 꿈틀거리는 원동력이 김혜경이라는 것과 김혜경 역시 박준길을 벗어날 수 없을 거란 사실, 둘은 반드시 접선할 수밖에 없을 거란 확신을 가진 정재곤의 수사는 김혜경의 주변인 탐문을 시작으로 궁극적으로는 그녀에게 직접 접근하는 방식으로 발전한다.

　　무슨 수를 쓰든 자신이 친 그물에 표적이 붙잡히길 기다리는 사냥꾼을 닮은 정재곤의 모습을 보면 흔히 생각하는 정의구현의 파수꾼, 민중의 지팡이와 같은 형사의 모습은 찾아볼 수 없다. 과거에도 그는 살해 용의자 애인의 집에 잠입했다가 최음제를 사용해 애인을 회유, 협박해 용의자의 소재파악을 했던 전력이 있다. 어디 그뿐인가. 죄 없는 이를 전과자라는 이유만으로 수갑 채워 겁박해 자신의 목적을 달성하거나, 불법감청은 기본이며, 필요하면 상대의 아픈 상처까지도 들쑤시길 마지않는다. 이러한 모습은 과정이나 절차의 정당성, 행간에 담긴 의미를 읽는 것과는 상관없는, 목적을 성취하고, 결과가 유의미하기만 하면 뭐든 용서받을 수 있다는 식의 접근을 떠올리게 한다.

영화 <무뢰한>은 이렇듯 과정이나 의미의 정의 따위와는 상관없는 형사의 시선에서 그려진 살인 용의자의 검거 과정을 보여준다. 이 영화에서 우리는 <무뢰한>이 형사 재곤을 가리키는 것처럼 느낀다. 하지만, 조금 더 심층으로 파고들면 진짜 무뢰한, 부끄러움을 모르는 것은 형사 재곤이 아니라 재곤의 눈에 처음 들어온

이질적 존재인 혜경을 통해 느낀 변화와 그 변화를 인정하지 않고 잔혹하게 짓밟는 구조적 악이 진짜 무뢰한이라는 걸 보게 된다.

형사 재곤의 변화는 살인 용의자를 잡기 위한 미끼일 뿐이었던 혜경에게 접근하면서부터 달라진다. 수단과 방법을 가리지 않는 형사 재곤에겐 살인 용의자의 애인일 뿐이지만, 자신의 신분을 감추고 접근한 이영준이란 영업부장의 눈과 마음에 혜경은 이질적인 감정의 복합체인 사랑으로 다가온다. 호감, 사랑, 공감, 연민, 연대 등의 복합적 감정이 혜경을 대하면서 싹트고야 만 영업부장 이영준이기도 한 형사 재곤은 이 이질적인 사랑의 진실을 어떤 식으로 발전시켜 나가야 할지 전혀 모른다. 아니, 이게 사랑인지조차 실감하지 못한다.

그 망설임의 틈을 뚫고 무뢰한들이 재곤과 혜경의 진실을 잔인하게 내리덮는다. 재곤의 선배 형사 기범은 재곤에게 배운 솜씨라며 최음제를 수사에 쓰려고 시도하는데, 자신의 소행에 관해 어떤 죄책감도 느끼지 못한다. 박준길 역시 혜경을 사랑이란 이름의 굴레로 가두었을 뿐, 그녀의 이름으로 돈을 빌려 도주, 도박자금으로 탕진하고, 심지어 온갖 감언이설을 동원해 더 많은 돈을 요구할 뿐이다. 여유 있게 살면서도 술집 외상값은 갚기 싫어 갑질하는 인간, 거기에 부패한 공직자, 사채업자, 조직폭력배, 전직 형사 등. 세상 어디서도 무뢰한이 아닌 사람을 찾아보기 어렵다.

누아르의 외피를 입은 하드보일드멜로 장르의 특성 때문일까. 영화는 그야말로 낯설게, 하지만 신비롭게 피어오른 사랑의 감정을 무참하게 짓밟는 비정의 한복판에 두 인물을 고립시킨다. 영화는 거칠고 투박한 특유의 영화문법을 이용해 우리의 삶 한복판에서 경쟁하고 물어뜯고 짓밟아야만 살 수밖에 없는 비정한 한 단면을 여과 없이 보여준다. 그와 함께 재곤도 허물어진다. 오직 주어진 임무 수행을 위해 내달리기만 했던 자신의 모습, 그 과정을 생략한 정의, 그 껍데기뿐인 율법이 얼마나 허망한 것인지를 아프게 깨우친다. 혜경 역시 마찬가지다. 자신이 믿었던 준길과의 사랑이란 게 얼마나 허망한 모래성 위에 쌓아 올린 것이었음을 철저히 깨우친다. 하지만, 정말 아픈 건 둘은 한없이 척박한 짓밟힘의 땅 위에 피어오른 들꽃과 같은 진짜 사랑을 어떻게 가꿔나가야 할지 모르고 무너져 내린다는 사실이다. 이 들꽃마저 짓밟히는 과정을 아프지만, 영화는 시종 덤덤하게 그려나간다. 끝끝내 무뢰한이 되지 않고는 살아낼 수 없다는 감독의 염세적 세계관이 오히려 역설적인 희망에 관한 갈구로 이어지는 것을 발견하게 되는 지점이 둘의 엇갈리는 대사를 통해 명확하게 나타난다.

"이 상처들은 다 뭐예요?"
"그냥 뭐, 살면서 어쩔 수 없이 생긴 거죠."
"이거 다 기억나요?"
"……"
"기억해요?"

"기억하기 싫어."
"상처 위에 또 상처, 더러운 기억 위에 또 더러운 기억. 뭐, 그런 거죠."

 혜경이 먼저 재곤을 유혹했지만, 재곤이 스킨십을 시도하자 박준길의 얘기를 꺼내며 스킨십을 자연스럽게 중단한다. 그녀는 박준길과 정재곤 둘 중 누구도 선택하지 못한 무뢰한의 모습을 보인다. 하지만 서로의 상처를 확인하고 동질감을 느끼며 사랑을 확신하는 건 부정할 수 없는 둘만의 현실이다. 그렇게 사랑의 아픔에 울먹이는 혜경을 그 역시 안쓰럽게 바라보는 재곤. 둘은 분명 서로를 사랑한다. 그러나 혜경이 말했듯, 그녀는 칼로 재곤의 상처 위에 또 상처를, 재곤은 혜경의 더러운 기억 위에 또 더러운 기억을 남기고야 말 것을 둘은 분명히 알고 있다. 그런데도 둘은 사랑한다. 더럽고 부끄럽다고 여겨지는 무뢰한이 가득한 세상 위에 그래도 둘은 사랑의 씨앗을 심는다.

어떤 장르라 하더라도 인간을 깊게 다루는 영화에는 기독교적 여운이 짙게 남는다. 거칠고 무례한 인간 군상의 파국을 그린 영화 <무뢰한> 역시 기독교적 여운으로 충만하다. 구약 시편과 신약 로마서에서 기록자는 예외 없이 소리친다. '의인은 없으니 하나도 없다!'라고, 그런데, 왜 필자에게는 이 외침이 한탄과 냉소가 아닌, 가장 뜨겁고 진지한 희망의 갈구로 들리는 것일까.

갈수록 험악해지는 세상, 빛과 희망을 이야기하기엔 처참할 정도로 망가진 세상, 하지만 그 세상을 뒹굴며 살아가는 우리와 함께 숨 쉬고, 먹고 마시기 위해 성육신한 예수 그리스도를 볼 때, 우리는 다음과 같이 때론 항변하듯, 때론 애원하듯 묻게 되지 않을까 하는 다정한 미련이 남는다. '그래도 이 세상에 의인 한 명쯤은 있어야 하지 않느냐.'라고, 여기에 또 하나의 질문이 덧입혀진다. '왜 이렇게 부끄러운지 모르겠다.'

목적을 위해 수단 방법을 가리지 않는 사람들, 부끄러움을 상실한 채 자기 유익만을 위해 발버둥 치는 사람들, 사람다움을 상실한 채 원칙만 앞세우며 세상을 비난하고 정죄하는 사람들, 이들 모두가 무뢰한이 아닐까. 그 무뢰한들의 세상에 우리 역시 공범처럼 발을 담그고 있진 않은가 하는 죄의식, 그 죄의식은 십자가의 피로 말소되어야 할 죄의식이 아니라 적어도 부끄러움을 알고 살아가려는 건강한 죄의식임을 긍정하는 것, 그것이 우리가 사는 세상을 조금은 더 투명하고 따뜻하게 만드는 첫걸음이 되어주지 않을까.

　의인을 찾기 어려운 세상인 것은 틀림없다. 감성과 냉소를 덧붙인다면 우리가 사는 세상, 정말 지독하게 힘들고 척박한 것도 사실이다. 하지만, 세상을 살아가면서 조금이라도 사람답게 살아보려는 의지를 갖는 것, 그것이 '의인은 없나니 하나도 없다.'라는 명제를 냉소와 파괴의 문법으로만 소비하지 않는 길이 되어 줄 것이라고 믿는다.
"의인은 없나니 하나도 없으며…."

감독상, 남우주연상, 각색상
제55회 칸영화제 황금종려상 수상!
영혼을 울리는 선율! 생애 최고의 감동!
전 세계를 뒤흔든 감동 대작!
피아니스트
FRANK FINLAY MAUREEN LIPMAN EMILIA FOX ED STOPPARD JULIA RAYNER JESSICA KATE MEYER
6월 25일 역사상 가장 위대한 영화가 돌아온다

6

'피아니스트'

두드림과 울림의 신비

피아노의 선율, 그 시작은 두드림에서부터 열린다고 생각한다. 건반과 페달을 두드리는 피아니스트의 열 손가락 움직임으로부터 때론 격정적인, 때론 서정적인 울림이 들려오는 것이다. 이때, 피아니스트의 손가락은 두드림을 단순한 것으로 생각하지 않는다. 그것은 단순한 기교만으로 해결되지 않는 것이다. 피아니스트는 피아노란 매개를 통해 선율을 전달할 때, 그 두드림으로 가는 여정에 있어 자신의 모든 것을 쏟아붓는다. 피아니스트는 자신의 사상과 감정, 가장 사소한 떨림까지 손가락 끝, 그 미세한 흔들림을 통해 전달하는 것이다. 그러므로 떨림의 전달은 청취자에게 그것을 두드린, 최초 음의 세계를 열어놓은 피아니스트의 모든 것으로 담아두게 된다. 그 담아둠의 깊은 심연 속에서 울림이 꽃피운다. 이때의 울림은 듣는 이의 내적 세계를 뚫고 들어가 내면 깊은 곳에서 신비의 울림으로 변이된다. 인간이 이처럼 고결할 수 있을까에 대한 탄성에서부터 인간이 가진 감성의 격동, 그 진폭이 이처럼 우주적일 수 있을까 하는 경이까지 신비의 울림을 통해 전달받는 것이다.

기독교인에게 이 우주적 진동, 신비의 울림은 말씀이란 교감이 덧입혀지면서 한층 더 심오하고도 신비로운 세계를 경험하게 된다. 그것은 일차원적인 음악적 교감이나 직관적으로 주어지는 감흥의 수준을 넘어서게 한다. 말씀이 육신이 되었다는, 어쩌면 충격적일 수도 있는 생명 사건을 경험하는 순간 존재가 받아들이게 되는 경이, 그 신비로움은 말씀이란 돌파력에 의해 존재의 오감이 지닌 차원 이상의 경험을 허락해 주는 것이다. 그런데 만일 피아노를 통해 미세한 흔들림을 표현하는 피아니스트의 정신과 영혼이 말씀이 육신이 되어 오신 그리스도의 희생과 더불어 무한한 사랑의 떨림으로 가득 차 있다면 그 신비로움의 깊이가 달라진다는 것을, 그래서 우리는 기독교 예술이나 기독교 미학에서 전달되어 오는 울림의 입체성에 때론 신비롭고 때론 경이롭게 공감하는 것인지도 모른다.

그래서일까. 인간의 화려한 말과 설득력 넘치는 웅변이 허무하거나 가식적으로 느껴질 때가 많다. 시류에 오염된 인간의 세 치 혀가 쏟아내는 말의 폭력으로 인해 탄생한 대립의 사상, 이념, 가치관. 그로 인해 인류는 전쟁과 폭력의 굴레에서 한순간도 자유롭지 못하지 않았던가. 자신의 감정과 진실을 왜곡하는 폭력의 통로로 쓰인 말의 세계를 잠시 멈추고 순수한 직관만으로 진실을 전달하는 두드림과 울림의 수용이 인간과 인간이 기대할 수 있는 소중한 화해의 손길로 기능할 수 있지 않을까. 우리의 시대가 더 험악하고 냉혹해질수록 2천 년 전의 예수를 더 깊이 묵상하는 이유 역시 여기에 있다고 생각한다. 인간과 인간의 화해가 수많은 이해관계의 충돌로 인해 갈수록 어려워지는 요즈음, 예수의 정신이 가져오는 초월의 감각, 오히려 관계의 번민으로부터, 그 번민의 고리를 과감하게 끊어내는 생명의 단호함을 묵상하게 된다면, 오늘 인류가 겪고 있는 엉킨 실타래를 조금이라도 수월하게 풀어내고 화해의 단계로 한 단계 진보할 수 있지 않을까 하는 것이다.

그러한 화해의 가능성을 입체적으로 성찰할 수 있는 영화가 있다면 어떨까. 한 편의 영화를 통해 그러한 사례를 살펴보고자 한다. 「혐오」와 「차이나타운」 등의 영화로 국제적 감독 반열에 오른 로만 폴란스키 감독의 2002년작 「피아니스트」가 그렇다.

영화 피아니스트는 실존 인물이기도 한 유대계 피아니스트 블라디슬로프 스필만의 실화를 바탕으로 한 영화다. 1939년 폴란드

바르샤바. 블라디슬로프 스필만(에드리언 브로디 역)은 한 인기 라디오 프로그램에서 쇼팽의 야상곡을 연주하던 중 독일군의 폭격을 당한다. 그 후부터 스필만과 가족들에겐 어둠의 그늘이 짙게 드리운다. 당시 유태인이던 스필만과 가족들은 게토 생활을 전전하다가 수용소로 향하는 기차에 몸을 담는다. 수용소에서의 삶은 죽음을 기다리는 삶이었고, 결국 스필만은 가족 모두를 죽음의 현장으로 보내고 만다. 그 모습을 고스란히 지켜본 스필만은 간신히 목숨을 구한 채 추위와 배고픔, 홀로 남겨졌다는 극한의 고독과 공포 속에서 마지막까지 생존을 지켜 나간다. 나치의 세력이 확장될수록 자신을 도와주던 몇몇 사람마저 떠나자 완전히 혼자가 되어 자신만의 은신처에서 끈질기게 생존을 유지하는 스필만. 어둠과 추위로 가득한 폐건물 속에서 은신하던 중 스필만은 우연하지 않게 순찰하던 독일 장교에게 발각된다. 죽음을 목전에 둔 스필만에게 남은 건 폐건물 안에 우연히 방치되었던 피아노 한 대. 스필만은 클래식 애호가였던 독일 장교 앞에서 지상 마지막 연주가 될지도 모르는 피아노 연주를 시작한다.

스필만과 독일 장교의 대치는 인간의 탐욕과 광기, 야만이 쏟아
부은 고통의 첨단을 극적으로 보여준다. 그 고통의 끝이 멈춰지는
기적의 울림을 어디서 찾을 수 있을까. 그것은 인간의 진실을 보여
주는 두드림, 그 두드림의 모든 것을 온전히 담아내는 울림의 경
이에서 찾을 수 있지 않을까. 인간과 인간이 화해할 수 있는 거의
유일한 매개, 백 마디, 천 마디 말보다 더 강하게 와닿는 두드림
과 울림의 신비 말이다.

이 울림의 신비를 생각할 때마다 자연스럽고 필연적으로 예수의
가르침을 떠올리게 된다. 현대사회를 살아가는 우리는 오히려 예
수의 가르침을 종교적 성인의 당연하거나, 이상주의로 칠해진 상식
수준의 격언으로 생각할 때가 많다. 하지만, 복음서로 대표되는
텍스트에서 예수가 자신의 이른바 공생애 동안 가르친 말씀의 내

용을 들여다보면 그때 당시의 현실, 곧 예수 자신이 땅에 발 딛고 살았던 2천 년 전 그때를 보다, 처절하게 떠올리게 하는 각인과 기념의 환기 작용을 하는 걸 보게 된다. 예수는 현실을 외면하지 않았다. 아니, 세속세계를 사는 우리 인간들이 바라보는 현실 도피적 생각과 성향을 과감히 질타하며 오히려 더한 세속세계에로의 몰입과 집중을 요구하기도 한 걸 보게 된다. 하지만, 지독한 역설은 예수가 언급한 현실에 관한 치열한 고민은 현실을 더 잘 살아내거나 자신에게 유리한 국면으로 끌어가고 싶은 이기주의적 발상이 아닌 현실의 모순, 인간의 탐욕과 광기, 야만의 시대가 배설한 억압과 이기주의가 팽배한 구조적 죄악을 끊어내고자 하는 강한 독려와 채근으로 연결되어 있다는 것이다.

예수의 가르침을 입에 바른 소리로 치부하지 않을 때, 비로소 우리는 현실을 예민하고 가혹하게 휩싸고 있는 탐욕과 광기의 민낯과 마주하게 될 것이다. 영화 '피아니스트'에서 등장한 결코 있어서는 안 되는 전쟁의 십자포화 속에서 한 곡의 피아노 연주가 주인공을 살려낸 것처럼, 냉엄하고 가혹한 현실의 한복판에서 예수를 생각하며, 예수와 함께, 문제의 중심을 성찰하고 분석하는 첫 실마리를 풀어낼 것이다.

충격! 전율! 감동!
'모든 것을 다 갖춘 진정한 영화!' -타임지
2011 아카데미
최우수외국어영화상
노미네이션
2011
선댄스영화제
공식 초청작
2010
베니스영화제
베니스데이즈
최우수작품상
2010
토론토영화제
최우수캐나다영화상
2010
밴쿠버영화제
최우수캐나다영화상
한 여인의 약속으로 시작된 위대한 여정
그을린 사랑
INCENDIES
드니 빌뇌브 감독 작품
7월 대개봉

7

'그을린 사랑'
비극을 멈춰 세우는 힘

어느 때부터인가. 중동이 세계의 화약고처럼 인식되고 있다. 크고 작은 내전이 끊이지 않고, 인종 갈등과 종족 내 증오범죄가 계속되는 중동. 특히 종교 간 갈등은 시간이 갈수록 극심해지고 있다. 상식으로는 해명이 불가한 IS와 같은 극단주의 무장단체로 인해 오늘의 중동은 비극과 극단적 절망이 들끓는 고통의 땅이 되어버렸다.

중동을 바라보는 세계인들의 시선은 크게 두 가지로 구분된다. 이슬람으로 기억되는 그들만의 특수한 종교 전통이 생산해 오던 배타성의 퇴적으로 중동을 바라보는 시선이 그 하나다.

또 다른 시선은 무엇인가. 그것은 오일달러로 대표되는 석유자원을 무기 삼아 서구 열강들이 적극적으로 개입해 본래 존재하지도 않았던 인종 간, 부족 간 갈등을 조장하고, 종교 본래의 순수 가르침을 자하드, 성전(聖戰)이란 허울뿐인 명분으로 둔갑시킨 전쟁의 재료로 간주하는 시선이 그것이다.

중동의 비극을 이해하는 관점은 어쩌면 위의 두 가지 시선, 부정적인 방식으로 뒤엉킨 결과로 분석해 볼 수 있다. 그런데 이러한 비극의 당사자는 단지 중동이란 지역 내 전쟁, 갈등, 평화 위협에만 국한되지 않는다. 중동이란 키워드는 비극의 한 상징이다. 중동이 비극의 내리막길을 걷게 되는 이유는 매우 복잡하다. 기독교적 시각의 일부 중 중동이 하나님의 신성이 아닌 우상을 섬기는 종교적 근본주의 때문에 반목과 대립이 계속한다는 주장이 있지만 그런 접근이야말로 지극히 편협한 근본주의적 태도에 가깝다. 중동의 비극은 종교 간, 부족 간 대립도 있겠지만, 서구 열강들의 이해관계가 낳은 비극의 충돌이 주된 비극의 한 단면일지도 모른다. 중동의 문화와 이념이 보이는 근본주의적 태도를 간과하자는 것은 아니다. 그 역시 다수의 민중을 고통 속에 밀어 넣는 이념인 것만은 틀림없다. 하지만, 국제 정세에서의 대립은 그처럼 단순한 기준으로 평가할 수 없음을 분명히 알아야 한다. 이렇듯 중동은 신음하는 고통스러운 자궁처럼 인류 모두의 비극으로 확산하여 성찰되어야 할 필요로 존재한다. 중동의 비극이 우리 모두의 비극은 아니라고 안심할 수 없는 이유는 오늘날 고통의 악무한(惡無限)을 인류 모두가 비극적으로 공유하고 있기 때문이다.

중동이란 지역을 둘러싼 비극의 기원과 그 기원의 종말론적 기로 앞에 선 '자궁'을 상징하는 여자의 일생을 그린 영화가 있다.

충격적 반전이란 수식어 외엔 다른 수식어가 떠오르지 않는 드니 빌뇌브 감독의 2010년작 '그을린 사랑'은 꿈에서라도 상상하고 싶지 않은 불편한 진실과 마주하게 한다.

영화는 레바논으로 추정되는 종교 간, 부족 간 갈등이 극에 치달은 야만의 소용돌이에 투입된 한 여자, 나왈(루브나 아자발 역)의 핏줄에 대한 갈증과 증오, 거기에 덧붙여지는 또 다른 비극의 잉태에 관한 이야기를 중심으로 전개된다. 어머니 나왈의 유언을 듣게 된 쌍둥이 남매는 유언 속에 담긴 출생의 기원을 찾아 탐색의 길을 떠난다. 그리고 그 길의 끝에서 쌍둥이 남매는 자신들을 낳아준 아버지가 어머니의 또 다른 아들, 자신들의 형제였다는 사실과 마주하게 된다.

충격적인 진실의 근원에는 복수와 단죄의 율법이 자리하고 있다. 오래 어머니를 기억 속에서 잃어버린 나왈의 아들은 자신이 속한 단체의 수장을 암살한 나왈을 심판할 수밖에 없는 심판자의 위치에 서 있다. 그는 자신에게 주어진 정의의 틀 속에서 고문, 성폭행 등의 고통을 전수하고, 고통을 이식받은 나왈은 또 다른 생명인 쌍둥이 남매를 잉태하게 된 것이다.

고통의 산출과 악순환이란 비극의 기원을 탐색한 영화는 충격적인 반전의 묘미를 비극의 실체 발견에만 두지 않는다. 나왈은 자신의 자궁을 두고 벌어지는 참담한 운명을 저주와 절망으로만 놓아두지 않는다. 그녀는 이를 생명으로 받아들이고 생명 앞에서 침묵한다. 나왈은 자신에게 주어진 생명을 부정하거나 외면하지 않는 담담함으로 비극과 맞선 것이다. 복수의 율법이 아닌 생명을 긍정하는 침묵의 수용으로 말이다.

영화는 결국 비극을 멈춰 세우는 힘을 말하는 듯하다. 복수와 단죄의 율법에 휘말려 버린 오늘, 우리네 고통스러운 세상 속에서 생명으로 다가온 한 여인의 '자궁'을, 그 거역할 수 없는 생명의 심연을 담담히 보여주면서 말이다. 그리고, 이는 율법에서 복음으로 옮겨가는 기독교의 신비와 묘하게 맞닿아 있음을 긍정하게 된다. 율법의 본질적 지향점은 도리어 용서요, 화해다. '눈에는 이, 이에는 이'라는 동해동형법同害同刑法조차 그 본질은 더는 투쟁, 반목하지 말고 과거를 청산하고 미래로 나아가자는 희망의 구호로 읽을 것을 우리에게 요청한다. 이렇듯 율법의 본질엔 사랑이 자리 잡고 있지, 복수와 단죄의 율법이 자리 잡고 있지는 않다고 봐야 한다. 그렇다면 사랑의 뿌리가 자리 잡고 있지 않은 상태에서 복수와 단죄의 율법이 명백한 한계를 지니고 있다는 고백이 선행된다면 우리가 살아내고 있는 비극의 시대에서 조금은 그 비극의 짐을 덜어낼 수 있지 않을까. 비극의 대물림을 반복하지 않고, 온전한 자기 성찰을 시작하게 하는 힘을 우리에게 제공하는 것이 복음이란 사실을 긍정할 때, 위의 변화는 가능하다고 보는 것, 그 힘이 그렇게까지 비약으로 보이지 않는 이유를 이미 영화 속 이야기가 내포하고 있기 때문이리라.

빛나던 미완의 청춘
우리가 기억해야 할 이름

동주

東柱

이준익 감독 作品 강하늘 박정민 김인우 최홍일 김성철 최희서 신윤주

2016.02.17

8

'동주'
순수의 시대에 관하여

윤동주 시인에 대한, 그를 둘러싼 재조명 열기는 식지 않는 듯하다. 시인을 소재로 한 뮤지컬에서부터 시인을 재조명하는 시집이 재출간된 이후, 그 열기가 서점가와 속칭 MZ세대의 텍스트 힙$_{Text\ Hip}$으로까지 이어지고 있다. 여기에 짜임새 있는 각본과 섬세한 연출력으로 호평받은 이준익 감독의 '동주'란 영화까지 개봉한 바 있다. 영화 '동주'는 흔히 말하는 저

예산 예술 영화라는, 그래서 많은 관객과의 소통은 어려울 거라는 편견의 벽을 깨고 의미 있는 관객몰이를 한 바 있다.

이른바 '동주' 현상이 한국 사회의 한 흐름을 차지한 이유는 무엇일까. 여기엔 윤동주 시인, 그가 가진 시적 정신의 치열함에 대한 불변한 향수가 자리하고 있음이 분명하다. 하지만 그러한 불변성 외에도 '동주' 현상의 한 뿌리를 형성한 근간을 새롭게 조명할 필요가 있다. 그건 바로 순수의 시대에 대한 열망 아닐까.

순수는 두 얼굴을 갖고 있다. 하나의 얼굴은 본질적인 투명함이다. 인간의 본성 깊은 곳에는 숭고하고 티 없이 맑은 절대 순수에 대한 갈망이 숨 쉬고 있다. 오염된 세태의 암울함, 세속적 비루함에도 타협하지 않는 순수의 열망이 순수를 설명하는 하나의 얼굴이다. 하지만 순수는 하나의 얼굴에만 만족하지 않는다. 또 하나의 얼굴을 가진 순수는 절대 순수를 찾아가는 여정으로써 현실의 부조리와 적극적으로 맞서는 투쟁적 순수다. 암울한 시대에 때 묻지 않으려면 시대의 비극으로 변색해 버린 현실에 대한 치열한 눈뜸이 선행되어야 한다. 다음엔 왜 우리의 현실이 변색할 수밖에 없는가에 대한 냉철한 현실 인식이 뒤따른다. 그리고 행동으로 연결된다. 현실을 변색시킨 원인과의 대응, 이를 통해 참된 순수를 회복하려는 치열한 몸부림, 억압하는 현실과 맞서는 의미로서의 순수, 그 모습이 순수의 또 다른 얼굴이다. 이 두 얼굴의 순수는 상반되거나 대립하지 않는다. 오히려 지속적인 만남을 그리워하는 조화의 속성을 요구한다.

기독교인에게도 순수는 극단적 두 얼굴의 강화를 요구하지 않는다. 절대 순수만을 쫓는 나머지 현실을 외면하라고 이야기하지 않으며, 반대로 현실의 치열함과 맞선다는 이유로 오히려 그 현실에서 자신의 무력함과 마주하게 되는 영지주의적 태도는 기독교의 참된 모습이 아니다. 기독교가 말하는 다른 의미에서의 순수, 곧 위에서 언급한 투쟁적 순수는 구약성경에 등장하는 이사야, 예레

미야, 미가 등의 선지자들이 외쳤던 공의가 하수처럼 흐르는 순수의 기반을 말하는 것이다. 하지만, 세상에서의 불평등과 차별을 극복하는 도구와 방법론으로서의 투쟁적 순수는 절대 순수, 곧 복음으로 대표되는 세속세계와는 전혀 다른 차원을 표출하는 이른바 케리그마의 순수를 담기보다는 인류의 보편 양심에 기대고 호소하는 모습을 보이기에 분명한 한계를 보이기도 한다. 그렇기에 조화의 속성은 이 영화를 보며, 복음이 광맥을 캐내고자 하는 성찰 지점에서 가장 중요한 모습을 보여준다. 절대 순수, 복음의 정체성을 잃지 않으면서도 투쟁적 순수, 삶의 다양한 현실, 현상 속에서 하나님 말씀만을 붙잡을 수 있는 길을 찾는 균형감각의 지속이 곧 순수를 순수답게 끌어주는 기독교인의 순수에 관한 분명한 개념으로 자리매김해야 할 것이다.

다시 돌아와 영화 '동주'는 순수의 두 얼굴을 윤동주 시인의 사촌지간이자 행동하는 지성이던 송몽규와 교차, 대립하는 동선을 통해 밀도 깊게 조명한다. 영화 속 윤동주(강하늘)가 순수에 대한 경외의 고지를 탐색하는 절대 순수의 자아라면 송몽규(박정민)는 잃어버린 순수를 되찾기 위해 시대의 비극과 정면으로 맞선 투쟁적 순수 자아로 그려진다. 하지만 두 인물, 윤동주와 송몽규의 동선은 서로의 경계선을 확고히 하는 평행선을 걷거나 대립각으로 비치지 않는다. 본질과 현상으로써의 순수를 품은 영화 속 두 인물은 전체의 정서를 잠식한 시적(詩的) 운동성을 배경 삼아 상호 교차하거나 때론 대립하면서 순수의 절정을 향해 변증법적으로 끓어오른다. 일제강점기, 나라를 잃어버린 피식민지 지식인이 품은 순수에 대한 번뇌는 절대미를 지향하면서도 그 절대미가 참담한 현실에 어떤 의미로 각인될 수 있을지에 대한 근본적 회의를 떨쳐버리지 못하게 한다. 현실에 맞서 싸우는 행동하는 순수, 송몽규를 바라보던 윤동주는 자신이 추구하는 순수의 극한 절벽에 멈춰 선 자아와 마주하게 된다. 그것이 윤동주 자신이 갈망하는 시의 원형, 순수의 원형인 것이다.

오늘의 우리가 '동주'에 동화되는 이유 역시 순수에 대한 갈망 때문일 것이다. 힘겨운 현실을 외면하지 않으면서도, 투쟁만이 아닌 끊임없는 자기 성찰과 내적 회복으로 인한 진정한 순수를 꿈꾸는 것, 그 열망이 우리가 영화 '동주'를 통해 보고자 했던 순수의 시대가 아니었을까.

　아울러 동주가 원한 자기 성찰과 내적 회복의 시간에 가장 집요하고 거룩하게 파고들었던 것은 기독교적 시각으로 보면 감히 교회요, 감히 말씀이요, 감히 기도로 연결해 볼 수 있다. 감히 교회라고 함은 교회는 도리없이 예수 그리스도를 생각하는 장소로서 기능한다는 점에서 자기 성찰의 질그릇이 되어줄 것이다. 또한, 말씀은 우리 인간의 욕망과 한계로 황폐해질 대로 황폐해져 버린 우리의 안과 밖을 극적으로 수습하고 회복하게 하는 극적 자생력을 가졌기에 말씀이요, 마지막으로 기도는 이러한 위의 자기 성찰과 내적 회복을 추구하다 보면, 그 추구가 결국엔 인간을 사랑하고 하나님을 사랑하는 궁극의 순수로 상승할 수 있지 않을까. 영화

'동주'를 보며 그 순수의 바른 활용과 지속을 기독교의 복음이 제공해 줄 수 있다는 가능성에 조심스럽게 눈을 뜨게 된다.

별을 노래하는 마음으로
모든 죽어가는 모든 것들을 사랑해야지
그리고 나한테 주어진 길을 걸어가야겠다.
-서시 中-

2부 드라마

애인, 친구, 하객, 조문객 대행
그 속에 나는 없었습니다

전도연 류준열

연출 허진호 박홍수
극본 김지혜

jtbc 10주년 특별기획

인간실격 9월 첫방송

9

'인간 실격'

고독과 구원에 관하여

2021년 9월 JTBC에서 방영된 주말드라마 <인간 실격>은 고독과 구원을 이야기하는 드라마라고 감히 말해도 무방하다. 물론 이 명제는 드라마 속에 담긴 이야기를 어떤 주제로 수용하느냐에 달라진다.

'구원'이란 명제를 기독교적 성격으로 접근할 경우, 분명 드라마를 연출하고 집필한 작가나 감독의 주제의식이 가진 표면적 의도와는 다를지도 모른다. 하지만, 그 '구원'이 인간 본연의 모습 속에 숨어 있는 인간이 느낄 수 있는 가장 깊은 고독의 심연, 그 쓸쓸함과 맞닿아 있다는 공감대가 함께 한다면 한층 의미 있을 것이다. 그런 맥락에서 드라마 <인간 실격>은 고독이란 근원적 감정으로 인해 발화된 구원에 관한 이야기라고 할 수 있다.

고독은 삶의 바닥을 경험한, 그래서 슬픔에 슬픔이 덧씌워진 사람과 사람 사이에 파고든 정서의 결에 자연스럽게 남아 있는 감정의 나이테와 같다. 고독은 필연적으로 황폐함을 수반한다. 혼자 남겨졌다는 먹먹함, 어디로 가야 할지를 찾지 못하는 좌절감이 고독의 기원에까지 맞닿아 있다. 이 드라마에서 고독은 역설적으로 두 남녀가 신파적으로 슬픔을 전시하지 않고 어떻게든 살아내려고 발버둥 치는 단내나는 모습에서 그려지는 처연함으로 나타난다.

<인간 실격>은 아쉽게도 다수의 시청자에게 웰메이드 드라마로 인정받지는 못했다. 현대 한국 드라마의 유행으로 보면 다소 느슨

하고 문학적이기에 대중적인 설득력을 충분히 장착하지 못했다는 평가가 지배적이었다. 하지만, 이 드라마가 가진 미덕은 분명하다. 세상의 절망, R 끝에 선 두 남녀 주인공의 사랑 이야기라는 뻔하디뻔한 외피를 뚫고 나오는 쓸쓸함과 슬픔, 그 처연함을 삶 전체를 통해 나타낸다는 미덕이 낮은 화제성, 미미한 시청률, 재미가 담보되지 않았다는 드라마에 관한 부정적 시각을 넉넉히 극복할 수 있게 해주었다.

무엇보다 이 드라마를 관통하는 강력한 매력은 슬픔이다. 억지스럽게 슬픔을 끌어내려고 하지 않는다는 점에서 역설적으로 더 슬프다. 삶의 구석구석에 박혀 있는 슬픔을 그저 먹먹히 바라보는 태도, 설명하기 어려운 인간의 감정을 해부하듯 지켜보고 있기에 더 슬픈 건지도 모른다. 그리고 이러한 감정의 성찰은 현대를 살아가는 오늘의 우리에게 고독, 우울, 소통 부재의 현실을 생각하게 하는 것이어서 더더욱 아프게 다가오는지도 모를 일이다.

<인간 실격>의 두 주인공 부정(전도연)과 강재(류준열)는 각자 전혀 다른 인생의 길을 살다가 어쩔 수 없는 인생의 내리막길을 맞이하게 되는 현실을 담담히 이야기한다. 그 내리막길에서 문득 '아무것도 되지 못했다는 것'을 깨닫고, 그런데도 빛을 향해 최선을 다해 걸어가려는 평범한 사람들의 이야기를 담고 있다.

　　그래서였을까. 앞에서도 밝혔지만, 16부라는 이제는 긴 호흡이 된 이 드라마에 시청자들이 마음을 열기가 쉽지 않았다. 오늘의 시청자는 슬픔의 정서를 오롯이 담은 이야기만으로는 부족하다는 생각을 가지게 한다. 웃기지만 슬픈 이야기에는 쉽게 마음을 열지만, 슬픈 감정만을 전면에 담은 이야기 자체에는 쉽게 마음을 열지 않는다. 무겁고 우울한 주제, 생각해야 할 소재 앞에서 선뜻 손이 가지 못하는 이유는 단순하다. 현실 자체가 암담하다고 느끼기 때문이다. 그래서 현실을 현실 그대로 보는 것보다 장밋빛으로 윤색되고 가공된 이야기로만 보고 싶다. 단순한 재미와 위로, 안식을 구하는 것을 우선순위로 생각하기에 더욱 그렇다.

그렇지만, 우선순위를 조금만 내려놓고 <인간 실격>을 정주행하면, 이 드라마가 상당한 몰입감을 가지고 시청자에게 말을 건네고 있다는 보석 같은 지점을 발견하게 된다. 그 지점은 비교적 분명하다. 두 주인공이 겪어야 했던 인생의 내리막길을 오늘의 우리 역시 분명히 공감하고 있기 때문이며, 그 공감이 바로 구원에 관한 보편성과 연결되어 있다.

　극 중 가사도우미 부정은 삶의 좋은 의미를 주는 작가, 인간 냄새나는 글을 쓰고 싶은 작가가 되고 싶었다. 하지만 현실은 출판사에 근무하면서 대필작가로 살아내야만 했다. 그러던 중, 부정은 유명 셀럽으로 행세하는 배우이자 작가인 아란(박지영)의 굴레에 빠져 인생 전체가 송두리째 거부되는 경험을 하게 된다. 부정이 쓴 원고를 토씨 하나 빠지지 않고 자기 이름을 붙여 출간한 아란의 책, '인생 수첩'은 공교롭게도 베스트셀러가 되고, 그로 인해 아란의 삶은 외형적으로는 더 큰 날개를 얻게 되지만, 부정은 자신의 인생과 노력 자체가 짓밟히는 슬픔에 영혼이 붕괴하는 경험을 하게 된다. 이 슬픔은 안타깝지만 우리네 삶에서도 어렵지 않게 보이기도 한다. 대필작가로 삶의 정체성이 부정되는 경험은 오늘의 우리 삶에서 애써 일군 성과를 편법과 꼼수, 사회적 약탈 분위기로 인해 빼앗기게 되는 박탈감으로 재현되고 있다. 또한, 한 번 무너지면 좀처럼 재기나 부활을 허락하지 않는 비정한 현실을 묘파하고 있는 게 <인간실격>이 보여준 성실한 성찰이다.

부정 역할을 소화해 낸 칸 영화제 여우주연상에 빛나는 전도연 배우의 연기는 이러한 <인간실격>이 보여주고자 하는 짓밟힌 자, 억눌린 자의 슬픔을 절묘하게 살려낸다. 부정의 삶에 깊이 각인된 상처가 자신의 하나뿐인 가족인 아버지 창숙(박인환)과 주고받는 소박하고 되풀이되는 대화에서 오롯이 발현되고 있다.

반면, 그녀의 상대 역할인 강재는 고독하다. 한때 호스트로 일을 하며 지금은 '역할 대행 서비스'를 하며 살아가는 그는 세상과 일정 부분 선을 긋고 살아간다. 이웃사촌이던 부정과 눈조차 마주하지 않으려는 것도 차라리 투명 인간처럼 살아가기 위한 선택으로 비추기도 한다. 이런 강재에겐 아버지의 쓸쓸한 죽음을 지켜볼 수밖에 없는 한 인간의 나약함과 쓸쓸함이 포개어진 고독이 꿈틀거리고 있다.

호흡기에 의지해 더러운 반 평짜리 침대를 자신의 영원한 처소로 삼고, 온종일 누워만 지내던 강재의 아버지, 그의 유일한 낙은 아들 강재만을 기다리는 일이었다. 안타깝게도 그가 아들을 위해 마지막 안간힘을 써서 한 일은 스스로 호흡기를 떼는 일이었다. 비좁은 침대 위에 앉아 엄마와 함께 찍은 사진 속에서 어린 강재의 그렇게 굳어있다.

하지만, 그 굳어있음에도 강재는 자신이 느꼈을 깊은 쓸쓸함, 그 쓸쓸함의 순간과 마주하는 것을 그대로 보아넘기지 못하는 존재가 되었다. 아버지의 비좁고 쓸쓸한 침대, 이후, 역설적인 안식

처가 되어버린 엄마의 반지하 셋방, 친했던 형의 아무도 찾지 않는 죽음, 강재는 그 쓸쓸함을 그대로 지나치지 못했다. 그런 그에게 어느 날 버스 정류장에서 눈물을 흘리는 부정을 본다. "아무것도 되지 못했다."라며 하나뿐인 아버지 앞에서 아파하는 부정을 강재는 지나치지 못하고, 결국, 버스 안에서 눈물 흘리는 부정에게 퉁명스럽게 손수건을 건네고 만다.

다시 돌아와 <인간실격>은 결국, 두 인물이 겪어야 하는 슬픔, 그 끝을 모르고 내려앉는 고독의 정서에서 비롯된 먹먹함, 이를 넘어서기 위해 발버둥 치는 애씀의 뒤란에 자리한 전혀 다른 의미에서의 구원을 말하는 드라마임을 보게 된다. 그리고, 자연스럽게 그 이후를 짐작하게 한다. 인간이 외롭다고 느끼는 것, 누군가에게 의지하고, 사랑하고, 아픔과 기쁨을 공유하고, 어깨를 기대고 싶은 간절함의 바탕엔 어렴풋하지만 확실한 믿음, 사람은 자기 자신이나 그 무엇이든 사랑하고 살아가야 한다는 절대 명제에 관한 신뢰가 살아 숨 쉬는 것이다.

그리스도인에겐 이 믿음이 구원을 불러일으키는 시작점이 아닐까. 불가능해 보이는 절대 믿음, 형언할 수 없는 절대 신뢰의 감정에 하나님이 함께한다는 사실을 긍정하는 것, 오늘의 우리가 느끼는 고독과 지독한 외로움이 절대적인 역설의 온기로 환원되어 우리에게 믿음과 사랑의 소중함과 간절함을 일깨워준다.

복음과 생명, 사랑이란 전통적 기독교적 개념을 더 진중한 가치로 다가올 수 있는 출발점 역시 이 보편적 구원의 지점에서부터 다시 생각하게 만드는 이야기의 힘인지도 모른다. 이렇듯 한 편의 드라마를 통해 우리는 막막하지만 확실한 또 하나의 길목과 마주하게 된다. 구원에 관한 새로운 성찰을 시작하게 된 것이다.

"아버지 나는 아무것도 못됐어요.
세상에 태어나서 아무것도 못 됐어.
결국 아무것도 못될 것 같아서 외로워 아버지."

드라마 인간 실격 대사 중에서…

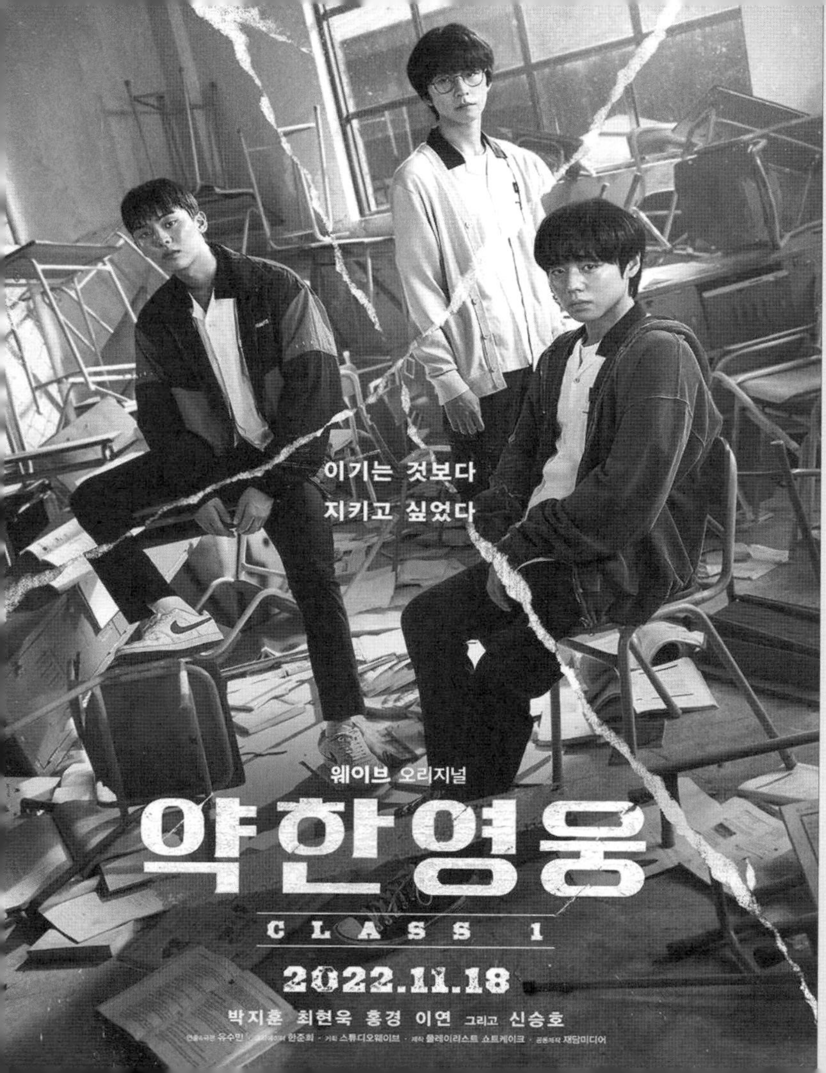

이기는 것보다
지키고 싶었다
웨이브 오리지널
약한영웅
CLASS 1
2022.11.18
박지훈 최현욱 홍경 이연 그리고 신승호
유수민 · 한준희 · 기획 스튜디오웨이브 · 제작 플레이리스트 쇼트케이크 · 재담미디어

10

'약한영웅'

구조적 죄악에 관하여

2022년 11월에 OTT 웨이브 오리지널 시리즈로 방영된 8부작 드라마 '약한 영웅'의 반향은 생각보다 강하고 깊었다. 단순히 학교 폭력을 다룬 여타의 드라마와는 결이 다른 한 모범생, 공부벌레의 저항을 그렸다는 점에서, 더욱이 일진이 일진을 소탕한다는 일종의 사이다 장르와는 전혀 다른 성격으로 학원 폭력물을 다뤘다는 점에서 일종의 차별화된 드라마로 평가받았기 때문이다.

 약해 보이기만 했던, 주인공 연시은(박지훈 역)을 지켜보던 친구 안수호(최현욱 역)가 습관처럼 내뱉는 말 한마디가 이 드라마의 모든 걸 말해준다.

'넌 진짜 또라이야.'

 그 또라이라는 말을 듣는 내내 왜 이렇게 마음이 먹먹하게 만드는지, 그건 드라마를 정주행한 이들만이 알 수 있는 설명할 길 없는 카타르시스다.

 오늘의 우리 사회에 함께 호흡하는 10대는 아직은 흔들리는 청춘 이전의 청춘이다. 영화나 드라마에 등장하는 멋지고, 세련되게 주먹을 휘두르는 고등학생의 모습은 판타지에 가까울지도 모른다. 이는 10대가 미성숙하다는 뜻과는 다르다. 순수와 사회적 타협 사이, 그 길목에 서 있는 10대가 겪어야 할 세상을 대하는 태도가 형성되는 과정에서 당연히 발생하는 청춘의 흔들림이 잘 구성

된 각본이나 드라마의 결말처럼 매끄럽진 않다는 뜻이다.

그래서일까. '약한 영웅'의 주인공 연시은의 표정에 믿을 수 없을 만큼은 짙은 허무가 배여 있는 것도, 얌전하게 교실 한구석에 앉아 있다가도 설명할 수 없는 광기에 가까운 폭주를 선보이는 것도 계산된 카타르시스가 아닌 불완전한 10대의 초상으로 보이기만 하다. 그리고, 자연스럽게 드라마 제목을 떠올리게 한다. 연약한 영웅이 아니라 상식의 범주를 넘어선 폭주의 불완전함에서 비롯된 약한 영웅인 것으로.

연시은의 분노와 폭주를 촉발한 구조적 현상은 지극히 분명하다. 바로 두 얼굴을 가진 학교 폭력이다.

눈에 보이는 폭력의 세계엔 최악에 가까운 10대의 주먹이 존재한다. 하루가 멀다고 계속되는 동물의 왕국을 닮은 서열 다툼, 거기에 더 세고 강하게 보이기 위해 허세를 빙자한 탈선으로 무장한 술, 담배, 심지어 펜타닐 같은 마약 배치까지. 이 정글 같은 곳에서 살아남지 못하는 오범석(홍경 역)과 같은 왕따의 낙인이 찍힌 친구는 더 잔학한 악의 먹잇감으로 전락하고, 격투기를 배워 그나마 제 한 몸 지킬 수 있는 안수호 역시 말 그대로 할머니를 부양해야 하는 짐을 떠안고 온갖 아르바이트를 해야 하는 각자도생의 처지였다.

그렇기에 진짜 학교 폭력의 얼굴은 어른들의 세계가 낳은 10대를 향한 무관심과 방치에 있다. 진심으로 이들 10대의 폭주를 걱정해주는 어른은 적어도 '약한 영웅'이 펼쳐 놓은 제법 사실적인 세계에선 보이지 않는다. 안수호는 아예 보호자의 대상 자체가 없다. 연시은의 부모는 철저히 연시은에게 무관심하다. 어떻게 저럴 수 있을까 싶을 정도다. 오범석의 국회의원 아버지 역시 자신의 이미지 세탁의 희생양으로 입양한 아들을 이용할 뿐이다. 그리고, 학교라는 장소에 숨어버린 선생님들은 학교가 지향하는 굴절된 욕망, 무한경쟁의 굴레 속으로 아이들을 밀어 넣고 자신들의 성취에만 몰두할 뿐이다.

얼핏 보면 지나치게 위악적으로 보이는 어른들의 세계이지만, 오늘의 한국사회를 들여다보면 결코 무리수 넘치는 넘겨짚음이 아니다. 만약 이 무정한 어른들의 세계가 비현실적이고 만화적으로만 비쳤다면 드라마 '약한 영웅'이 그토록 분명한 화제성을 남기거나 시청자들에게 강한 인상을 심어주진 않았을 것이다.

　드라마는 당시 부산국제영화제에서 놀라울 정도의 주목을 받았다. 드라마의 높은 완성도도 그랬지만, 10대의 세계를 그린 드라마에서 보인 자극의 세기가 기존과 다른 파격을 담고 있어 더욱 주목받았는지도 모른다. 워낙 강하게 몰아붙인 어른들의 세계가 가진 부조리, 비판의식이 가져오는 불편함이 이 드라마가 가져온 비상한 관심에 한 몫, 거들었던 것도 사실이다. 학교 폭력은 겉으로 드러난 폭력 일부이며, 진짜 폭력은 어른들의 무관심이 낳은 10대들의 극단적 흔들림, 이를 어쩔 수 없이 지켜볼 수밖에 없는 무기력에 관한 살풍경의 목도에 있기 때문이다.

이러한 의미 살핌을 통해 본 시즌 2를 기다리게 하는 '약한 영웅'은 어떤 의미에서는 분명 불편한 드라마다. 특히 인간의 죄악을 정면으로 응시하는 기독교 신앙의 관점에서 보면 그렇다. 불편함과 동시에 생각의 여러 갈래를 파생하는 드라마의 특성 역시 기독교의 죄 관념과 연관된 고리를 쉽게 외면하기 어렵게 한다.

드라마 약한 영웅을 통해 파악 가능한 기독교적 주제는 서사의 허위와 구조에 관한 비평적 성찰이다. 기독교 서사에는 영웅이 주로 등장한다. 특히 구약성경의 인물들을 들여다보면 더욱 그렇다. 모세의 열 가지 재앙을 주도하는 믿음, 통일 왕국 이스라엘 창설자로서의 다윗의 위엄, 거기에 덧씌워지는 솔로몬의 무한 지혜까지. 우리는 기독교적 메시지를 통해 성경에 등장하는 인물들의 승리 이야기에 심취하고 스스로 그 동력을 자양분 삼아 기도하고 자신의 신앙을 고취하는 걸 믿음으로 여겨왔음을 부정하기 어렵다.
그런데, 안타깝게도 우리가 처한 현실의 서사에서는 그 바라보는 영웅이 온전히 힘의 과시에만 경도되어 있다. 끔찍할 만큼 경쟁과 착취가 일상화된 세상에서 살아남은 이들이 영웅 대접을 받는 세상이 구조적으로 대물림되는 현실에서 기독교가 소비하는 영웅 서사는 그 시작부터 왜곡될 수밖에 없는 기형적 구조로 제시되고 있다.

'약한 영웅'의 서사 역시 비틀린 구조의 희생양일 수밖에 없음을 여실히 보여준다. 안타깝게도 '약한 영웅'이 담보하는 완성도와 재미와는 별개로 결국, 이 서사는 현실의 반영이 아닌 판타지의 일종이라는 당혹감의 벽과 마주하게 한다. 주인공 연시은이 지형지물을 이용해 잔혹한 일진 무리에 맞서 승리를 거둔다는 이야기는 현실의 학교에서 발생하기란 도저히 어렵다고 봐야 한다. 그리고, 이를 성찰하기 위해서는 '약한 영웅'의 승리가 판타지일 수밖에 없는 근본에 주목해야 한다. 설령 주인공 연시은이 빼어나고 영민한 사고능력과 운동 신경을 지녀 일진들을 물리친다 해도, 그렇게 현실에서 로또 같은 확률의 싸움꾼으로서의 연시은이 존재한다 하더라도 대한민국 학교가 볼모로 잡혀 있는 인질극과 같은 학력 위주의 사회, 줄 세우기와 무한경쟁, 적자생존의 가혹한 문화, 거기에 덧붙여진 왕따로 대표되는 따돌림의 정서는 그 바탕에 깔린 구조적 죄악의 문제로 치환해서 성찰해야 할 것이다.

하지만, 오늘의 기독교 영웅 서사는 황당할 만큼 판타지에 닿아 있다. 개인의 차원에서 기도하고, 묵상하며 하나님의 돌보심과 개인 구원의 감격을 누리기 바쁘다. 그렇게 해서 설령 개인의 위기에서 벗어난다 하더라도 이는 어디까지나 표피적인 개인의 죄의 문제를, 그것도 해결한 것처럼 보이는 일시적 미봉책에 불과하다. 보다 근본적으로 파생된 구조적 죄악의 문제로 확장되어 있음을 외면할 수 없다. 그렇지만 교회는 이 죄 문제를 다분히 개인의 죄에 가라앉도록 종용한다. 그렇게 종용하면서 하늘에서 내려오는 영웅을 갈구한다. 우리는 비록 약하지만, 하나님의 도우심을 받아 영웅이 될 수 있다는 판타지 서사를 희망의 전위에 배치하여 그 판타지가 충족되지 못한 이유를 개인의 탓으로 돌리는 것에 익숙하다. 개인의 믿음 없음, 하나님을 향한 개인 충성도의 약화가 문제의 원인으로 진단하며, 개인의 회개와 신의 은총만을 갈구하는, 흡사 38년 된 병자가 맹목적으로 바라보던 베데스다 연못을 연상케 한다.

드라마 '약한 영웅'이 전달하는 깊은 울림은 통쾌하거나 사실적인 폭력 묘사에 있지 않다. 학교 폭력을 향해 경종을 울리는 영웅의 탄생을 그리는 사이다 같은 장면이 속출한다 해도 '약한 영웅'의 주인공 연시은은 결코 영웅이 될 수 없는 구조의 희생양임을 철저할 만큼 극사실적으로 묘사하고 있음을 간과해선 안 될 것이다.

오늘의 그리스도인 역시 마찬가지다. 개인의 영웅 서사에 주목하게 하는 담론에서 벗어나 학교 폭력, 무한경쟁의 배경을 펼쳐놓은 구조적 죄악으로 성찰의 시선을 돌려야 한다. 왜 연시은이 그 유약한 몸으로 포식자들이 우글거리는 정글의 노예에 내던져졌는지, 그가 왜 스스로 괴물이 될 수밖에 없었는지, 그 배후에 자리 잡은 이제는 일상이 되어버린 악에 관한 고찰이 새로운 질서, 새로운 정의의 모색에 눈뜨게 하기 때문이다.

약하고 흔들리기 쉬운 10대를 향한 동정의 시선을 이제는 오롯이 어른의 몫으로 바꿔 생각해야 한다. 또한, 우리는 그래도 성숙한 편이라고 믿고 싶은 기독교인의 내면에 비춰야 한다. 어느새 지독한 자기 보신에 빠져버린 개인적 죄의 문제 해결에 매몰되는 것에서 벗어나 조금은 답답하고 엉킨 실타래 같아 보이는 사회, 국가, 공동체, 이념, 그리고 도덕 사이에 굴절되고 뒤섞인 구조를 바라보는 태도, 그 적극적인 응시에서부터 변화는 시작된다. 세상과 그리스도를 바라보는 관점의 변화, 그 첫걸음을 떼는 것이다.

UNSTABLE.
VOLATILE.
DANGEROUS.
AND THAT'S
JUST THE CHEMISTRY.
35
Breaking
56
Bad
"DARK, WITTY, WEIRD AND ADDICTIVE". - ROLLING STONE
New Season MARCH 21
Sundays 10/9c
amc
Story
Matters
Here

11

'브레이킹 베드'

사회치유에 관하여

흔히 할리우드 시스템이란 말이
있다. 영화, 드라마의 선진화를 도모하고 작품성을 존중해 뛰어나
면서도 일정한 질의 콘텐츠 창작물을 생산하고 소개하는 시스템을
말함이다. 대체로 할리우드 시스템 하면 대규모 자본과 인력, 스
타 배우의 투입을 핵심으로 한 물량 공세를 떠올리는 편이지만,
그 행간에 웰메이드의 가능성으로 지속하는 시스템이란 표현이 어

울릴 것이다. 사대주의의 시선을 놓고 봤을 때, 미국 드라마의 강점을 꼽자면 이런 요소의 적절한 배합이 있을 수 있겠는데, 최근 에미상 등 유수의 미국 내 상을 수여한 한국계 배우 스티븐 연이 열연한 '성난 사람들'이란 드라마 역시 웰메이드 미국 드라마로 평가받기에 손색이 없다. 그리고, 이러한 메이드 인 할리우드 드라마가 웰메이드로 평가받는 데 있어서 거의 독보적 위상의 드라마가 있는데, 바로 2008년에서 2013까지 방영된 '*브레이킹 베드*'다.

브레이킹 베드의 아이디어를 고안하고 창작의 전 과정에 참여한 빈스 빌리건은 이 드라마의 주제를 인과응보 '모든 행위에는 책임이 따른다.'라는 것으로 꼽았다. 화학 교사인 주인공 월터(브라이언 크랜스턴 역), 외 많은 등장 인물에겐 그들 나름의 피치 못할 사정으로 도덕적 해이를 넘어선 불법의 길, 마약 제조와 판매의 길에 빠져들었다. 창작자는 이들이 아무리 논리적으로 보호받아 마땅한, 이른바 악행에 관한 나름의 동기적 면죄부를 감안 해도 모두 스스로 저지른 악행에 관해 전혀 부족하지 않은 대가를 치르는 과정을 섬뜩하리만치 극사실적으로 묘사한다는 점에서 참으로 미국적이다. 아울러 한국 드라마가 전달하는 속칭 등장 인물에게 과몰입하는 접근법을 사용하지 않고 지나칠 만큼 주인공에게 감정 이입하거나 몰입하지 않도록 하는 '소격 효과'를 견지하는 대본과 연출 작법이 흔히 미국 사회를 대표하는 프로테스탄트 윤리를 대표하는 '눈에는 눈 이에는 이'의 정당성을 떠올리게 한다.

시리즈물이 대세인 '브레이킹베드'는 시즌 5까지 제작되었는데, 전체 줄거리의 주요 포인트를 간략하게 살펴보면 다음과 같다. 주인공 월터 화이트는 뉴멕시코 앨버커키에서 임신한 아내, 어렸을 적 뇌성마비에 걸려 다리가 불편한 아들 월터 주니어와 함께 살아가는 소심하고 전형적인 미국 중년 남성이다. 하지만, 소심하다고 말할 수 있는 지점과 다르게 그의 화학 분야에 관한 재능은 엄청나다. 칼텍 화학 박사 출신인 그는 현재 수십조 단위의 사업을 운영하는 친구의 공동창업자이지만, 젊었을 때, 미래에 관한 불안과 소시민적 마인드 - 물론 이 마인드를 소시민적이라 일컫는 것 자체가 편견일 것이지만 - 때문에 공동창업자인 친구와 결별하게 되고, 이후 지역 학교의 고등학교 화학 교사로 재직 중이다. 늘 넉넉하지 못한 경제 상황에 허덕거려야 했던 그는 퇴근 후 세차장에서 아르바이트하며 가족을 부양하는 데 애쓰려고 발버둥 치는 미국 사회, 더 나아가 2024년을 살아가는 세계 중산층의 표본과 같은 존재다.

이대로만 간다면 그래도 평범한 삶의 한 궤도에 안착할 수 있었겠지만, 그의 인생은 마치 예견된 것처럼 일그러진다. 월터의 50세 생일에 발견한 폐암 3기 진단, 그는 자신에게 임박한 죽음의 그림자가 걱정이기보다는 남들에게 조롱과 멸시를 받으며 살아가게 될 장애인 아들과 아내에 관한 미래 걱정에 잠이 들 수가 없다.

그래서 결국, 선택하게 된 광기의 출사표는 월터가 자신의 화학

지식을 십분 살려 마약을 제조해 거액의 유산을 자신이 죽은 이후에 남기려는 계획한 것이다. 처음 드라마를 보면 이게 과연 가능한 일인가, 너무 황당한 비약이 아닌가 싶지만, 이야기는 묘하게 강렬한 개연성을 품고 휘몰아친다. 마약국에 근무하던 동서와 동행해 마약 단속 현장을 사전 답사하고 밤의 세계에서 메스암페타민을 제조하는 이들의 허술함을 보며 자신감을 얻은 뒤, 예전 학교의 말썽꾸러기 제자이자 자기 자신을 스스로 삼류 마약상이라 취급하는 제시 핑크맨을 만나 양질의 마약을 제작하고 판매하는 지경까지 이르는 악의 진화를 보여준다.

문제라고 해야 할지 설득력의 차원이라 해야 할지 모르지만, 안타깝게도 화학을 사랑하고 화학을 순전히 학문적 차원에서만 다루던 화학 교사의 모범적 준법정신이 급격히 허물어지는 과정이 제법 담담하면서도 설득력 있게 전개된다. 심지어 미국 사회가 백인 남성인 월터를 바라보는 시선의 냉정함은 모든 인간을 자본의 노예로만 판단하는 이들의 차가움과 맞물리면서 드라마의 농도를 피해갈 수 없는 몰입의 경지로 끌고 올라간다.

이 몰입의 경지는 시즌이 계속되면서 치열하고 가파르게 올라간다. 월터는 자신이 원래 원하던 나름 소박했던 중산층 시민으로서의 작은 열망, 자신이 죽은 이후에 아내와 아들에게 남겨줄 나름 넉넉한 유산만 마련되면 손을 뗄 셈이었다. 하지만, 범죄의 늪은 월터를 본격적인 마약왕의 반열로 올려세웠고, 그 사실을 알게 된 아내가 이혼을 요구하고 별거에 들어가는 등, 본래 목적했던 소박한 꿈은 붕괴한다. 양심과 범법의 경계선 위에서 점점 월터는 부정적 방향으로 진화하는데, 이를 통해 드라마 '브레이킹 베드'는 오늘의 미국 사회가 직면한 그야말로 드라마 같은 몰락상을 극사실적으로 보여준다.

과거 미국 드라마를 통해 보던 미국은 표현의 자유와 넉넉한 기회가 보장되는 선진국의 원형이었다. 하지만, '브레이킹 베드'를 통해 나타난 미국 중산층의 몰락은 개인의 빈곤을 사회 구조의 문제로 바라보지 않고 개인의 게으름, 개인의 윤리 부족 탓으로 돌리는 개인화되고 파편화된 청교도주의의 몰락과 그 궤적을 같이 하고 있다. 개인의 자유와 개인의 성공을 강조하는 미국 사회의 자유 선진주의의 함정은 자유에 따른 책임 또한 개인에게 강요하고, 절대적으로 취약해진 복지 환경을 합리화하면서 이 몰락의 징후를 개인의 문제로만 치부하는 환경 조성에 앞장선 것이다.

'브레이킹 베드'에서 말하는 평범한 화학 교사의 마약 제조가 더는 황당한 무용담이나 판타지가 아니었다. 성공은 고사하고 자유라는 명분 아래 모든 걸 자본주의의 무한경쟁으로 몰아넣은, 소위 말하는 중산층이라 불리기를 원하는 선진국 시민의 필연적 발작과 그 징후를 그 어떤 것보다 적실하게 묘파해 낸 메타포로 기능한 것이다.

이 대목에서 필자는 오늘의 한국 사회와 한국의 그리스도인을 생각하게 된다. 한국 교회가 품은 현재의 모습에 미국, 중산층, 반공주의, 그리고 개인 구원이란 개념이 얼마나 교묘하고 철저하게 스며들었는지, 오늘의 한국 사회와 교회가 개인의 성공에 지나칠 만큼 철저하게 매달려 온 비극적이고 재앙적 결과에 관해 어떤 말을 들려줄 수 있는지 반성적 성찰을 해야 할 때가 이른 것이다.

'브레이킹 베드'에서 말하는 마약의 메타포는 자명하다. 우리 사회를 중독시키는 발작적 징후의 안팎에 자리 잡은 거짓 희망과 거짓 위선, 거짓 구원의 중독적 선동이 얼마나 거리낌이 없이 삶을 짓밟는지 담담하지만, 섬뜩한 사실성으로 고발한 것이다.

한 편의 드라마라고 하기엔 너무나 설득력 있게 파고드는 우리 일상의 중독적 징후에서 과연 한국 교회, 그리스도인은 어떤 최소한의 질문이라도 던지고 있는지 돌아본다면 과연 자신 있게 그렇다고 말할 수 있을까. 오히려 그 반대 아닐까. 철저하게 진실을 외면하고 사회의 구조적 모순, 한 개인을 비극의 세계로 내동댕이

치는 거짓 희망을 추앙하며, 그 추앙의 바벨탑 위에 그리스도의 사랑과 구원을 이야기하고 있진 않은지 되묻는 것이 오히려 잘못 끼운 단추를 끼우는 첫 시작점이 되어줄 것이다.

그 연장선상에서 한 가지 질문이 추가로 떠올랐다. '브레이킹 베드'가 시즌 5까지 제작되고, 그 견고한 인기가 더 높아질수록 필자가 의심의 눈길로 이 작품을 대하고 있다는 점이다. 왜 그럴까. 한국 드라마가 약진해야 하는데, 여전히 미국 드라마에 눈길이 간 점이 못내 속상해서일까. 그런 맥락이 아닐 것이다. 이 드라마의 인기와 관련된 모순 때문에 그럴 것이다.

긍정적 경향은 '브레이킹 베드'와 같이 사회문제를 정면으로 다룬 가감 없고 직설적인 메시지를 기획, 투자, 제작, 촬영까지 해 방영까지 하는 할리우드 시스템이 가진 표현의 자유에 관한 부러움일 것이다. 하지만, 부정적 경향 만만치 않다고 보이는데, 가장 중요한 것은 사회 문제의 소비화다. 사회문제를 다룬 드라마조차

상업적 성공의 도구로 치환하는, 돈이 된다면 자기네 가족 불륜까지도 화제성 있는 주제로 끌어 올리는 미국식 자본주의의 끝판이 곧 '브레이킹 베드'의 성공으로 이어지진 않았는가 하는 두려움이 그것이다. 이는 재벌의 위선과 허위를 그렇게 욕하고, 불륜의 대상을 그토록 욕하면서도 재벌가의 암투극을 보고 싶어 하고, 부적절한 사랑의 아슬아슬함을 욕하면서도 즐기는 한국 드라마의 고질적인 드라마 소비와도 다르지 않은 것이다. 아울러 윤리적 고민과 갈등조차 하나님과 맺어가는 아름다운 사랑의 여정, 혹은 영웅 서사로 미화하는 성경 내 다윗 이야기의 왜곡된 성적 합리화, 솔로몬의 여성 편력을 권력의 당연한 전리품으로 인식하는 태도, 원주민을 학살한 게 분명한데, 이를 하나님의 뜻으로 포장하는 하나님 말씀의 왜곡된 소비 행태 또한 오늘의 교회가 분명 짚어봐야 할 부정적 경향이 아닌가 싶다.

한 편의 영화, 한 편의 드라마가 세상을 바꿀 순 없다. 더욱이 그리스도인에겐 영화 보기, 드라마 보기가 여전히 타락한 세속문화의 산물이란 인식으로 다가와 제대로 된 접점을 일으키지 못했던 것도 사실이다. 하지만, 우리 사는 세상에서 벌어지는 발작적 징후를 포착하고 이에 관한 적절한 반성적 성찰과 질문을 던지는 행위 자체가 이른바 사회 치유로서의 복음이 될 수 있다는 가능성에 눈을 뜨는 것은 그 나름의 적절한 신앙 성숙에 도움을 줄 수 있다고 본다. 물론 여전히 어려운 숙제가 기다리고 있지만 말이다.

브레이킹 베드

일그러진 사회, 그 사회 치유를 위한 한 걸음…

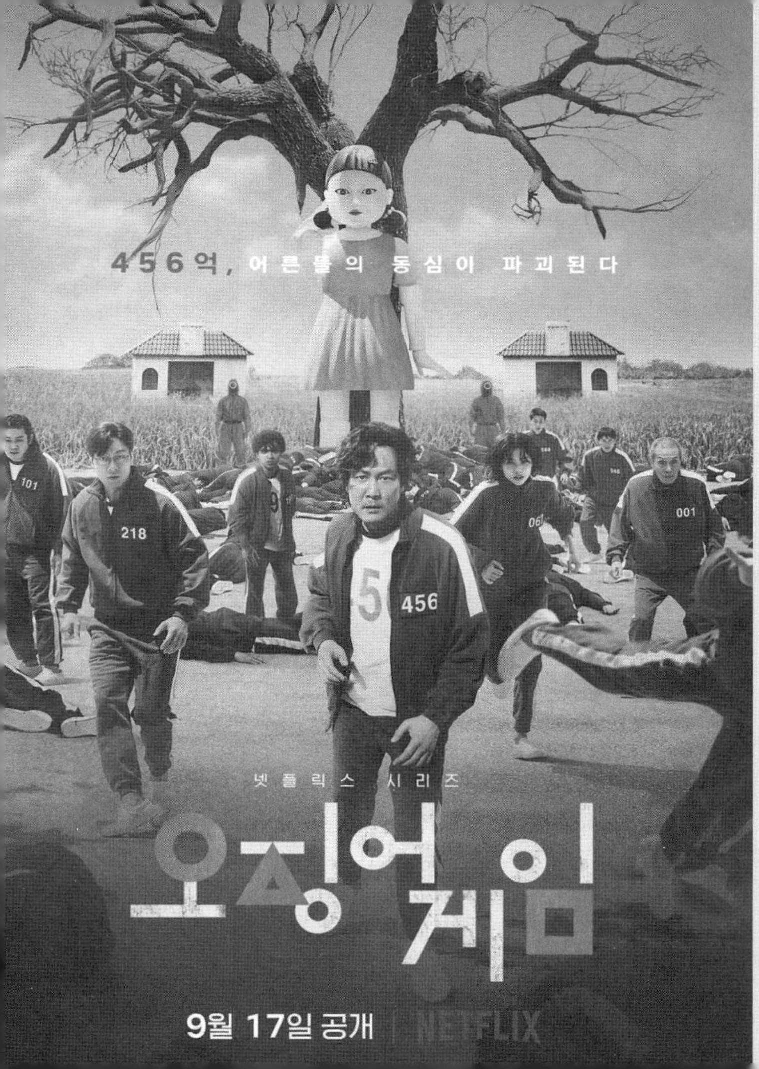
456억, 어른들의 동심이 파괴된다
넷플릭스 시리즈
오징어 게임
9월 17일 공개 | NETFLIX

'오징어 게임'

기독교 세계관의 새로운 도전

2021년 9월, OTT 채널 넷플릭스를 기괴하고 과도한 흥분과 흥행의 회오리로 몰고 간 드라마가 있다. '도가니', '남한산성' 등 굵직한 서사와 섬세한 영화적 문법 실험을 거듭해 온 황동혁 감독이 직접 각본까지 쓰고 제작한 한국 드라마 '오징어 게임'이 바로 그렇다. 이제는 오징어 게임의 세계적 성공을 말하는 게 상투적으로까지 느껴질 정도이지만, 하지만,

최근 미국에서 배우조합상까지 수상한 쾌거까지 이루어내 그 놀라움은 현재진행형으로 계속되고 있다. 또한, 시간이 꽤 흘렀음에도 오징어 게임은 여전히 유의미한 시청 순위를 기록한다는 점에서 오징어 게임이란 하나의 드라마가 가져온 문화 사건은 앞으로도 꽤 중요한 가능성으로 이야기될 듯 보인다. 최근 준비 중인 시즌 2 역시 이러한 기대감과 관심을 고조시키고 인기몰이를 이어가는 데 부족함이 없어 보인다.

이렇듯 문화사적 사건으로 인식되는 오징어 게임은 그 핵심을 관통하는 이야기 흐름에 서바이벌 게임이란 모티브가 자리 잡고 있다. 거액의 상금 획득을 목표로 채무에 쫓기는 수백 명의 사람이 새로운 삶을 꿈꾸며 서바이벌 게임에 뛰어든다. 하지만 오직 한 명에게만 주어지는 승자 독식 구조에 의해 대부분은 탈락하고, 탈락한 이들은 치명적인 죽음까지 각오해야 하는 말 그대로 오징어 게임은 데스 매치에 가깝다.

오징어 게임의 참여자들은 경제적 빈곤과 극한의 어려움에 몰린 사람이 대부분이다. 이들에게 주어진 추억의 게임이 극한의 끔찍한 서바이벌로 악화하는 모순을 담아낸 이 이야기는 무한경쟁에 내몰린 전 세계 동시대인들에게 강렬한 메시지를 전달하고 있다.

오징어 게임은 회마다 키워드에 해당하는 부제를 붙여 고유의 서스펜스를 유지한다. 빚더미에 깔린 중년의 남자인 기훈이 일확천금을 노리고 의문의 게임에 뛰어들지만, 바로 눈 앞에 펼쳐진 충격과 공포의 현장이 펼쳐지는 1부, 무궁화 꽃이 피던 날Red Light, Green Light, 2인 1조로 진행되는 네 번째 게임에서 주인공 기훈이 윤리적 딜레마를 겪고 갈등하는 사이 다른 참여자들은 본능에 굴복하는 등 극한 생존 경쟁에 휘말리는 6부 깐부Gganbu까지. 오징어의 극본과 연출을 맡은 황동혁 감독은 현대인이 겪을 수밖에 없는 경제 지옥에서도 사람다움을 잃지 않으려 초인적 윤리 의식도 함께 다루고자 했다고 밝힌다. 하지만, 감독의 변에도 불구하고 기독교 세계관의 눈으로 볼 때, 오징어 게임은 일단 불편하다. 게임이란 장르 자체에 기괴한 리얼리티를 덧입힌 반사회적 게임으로 무장한 드라마는 윤리와 종교를 다소 위악적으로 비트는 왜곡된 작품으로 비칠 가능성이 농후하다.

오징어 게임에서 자주 등장하는 키워드는 위선이다. 질서가 잘 잡혀 있고, 사회 구조가 문제가 없다는 가정이 지속한다면 우리는 양심과 윤리를 자신을 포장하는 데 익숙하다. 하지만, 이해할 수도 없고, 그 원인도 알 수 없는 모순에 노출되는 극한 상황에 처하면 친구, 직장동료, 심지어는 가족마저 안중에 없이 자신만 찾게 되는 극단의 이기주의적 면모를 보이고 만다. 오징어 게임은 이런 인간의 위선을 극단의 불편한 방식으로 포장하는 데 익숙한 것이다.

여기에 하나 더, 오징어 게임을 기독교적 세계관으로 조명했을 때, 추출되는 또 하나의 상징은 바로 인간의 원죄다.

현대사회는 무한경쟁이 필수적으로 조장되는 사회다. 자본주의 사회가 공산주의 사회에 비교해 자유와 평화를 보장한다고 하지만, 안타깝게도 인류는 자유와 평화의 지속에 관심 가지는 것보다 민주주의적 가치 이전에 자리 잡은 자본주의 가치, 경쟁과 착취, 무한이기주의로 대표되는 재앙의 가치에 눈을 뜨는 데 처참하리만치 빠르고 열정적이다. 결국, 이 뿌리까지 흔들린 현대사회의 윤리 근간을 극단적 설정과 상황으로 펼쳐 보인 오징어 게임을 통해 인간의 악을 소환하는 원죄론을 필연적으로 이야기하게 되는 것이다. 사람은 본래 악할 수밖에 없다는 죄의 관점이 아니고서는 서로를 물어뜯고 자신만 살아남아야 직성이 풀리는 약육강식이 사람이 사람답게 살아보려고 몸부림치는 휴머니즘을 압도하는 현상을 해명할 길이 없어 보이기에 그렇다.

　　그래서 기독교 세계관은 이 휴머니즘을 압도하는 원죄에 대응하기 위해 그리스도의 사랑을 전파해야 하는 대응 관점에서 접근하는 걸 요청한다. 이 역시 일리 있는 접근일 수 있다. 또한, 그에

부합하는 충분한 당위성도 갖추고 있다. 하지만, 오징어 게임을 지켜보는 기독교적 시선에는 대응 관점의 접근만이 아니라 기독교 담론을 포괄하는 현대를 살아가는 문화 현주소를 보여주는 사건으로 읽는 접근이 더 시급해 보인다.

오징어 게임이 국제적 주목을 받은 핵심 요인으로 작용한 건 두 가지다. 다양한 게임과 그 게임을 통과하는 의례가 인생을 상징한다는 것, 아울러 이 드라마는 처음부터 끝까지 '게임이다'라는 거리 두기의 눈뜸이 그것이다.

오징어 게임은 살벌한 약육강식의 현실을 풍자하고 있지만, 우리는 드라마를 보며 그것이 인생을 살면서 겪게 되는 숱한 질곡이 압축된 삶의 단면임을 깨우치게 한다. 게임이란 메타포로 압축해 나타난 전개지만, 그 흐름을 찬찬히 곱씹어 보면 우리네 인생에서 쉼 없이 일어나는 사건과 갈등임을 알게 된다. 오징어 게임이 상징하는 현실은 동서고금을 막론하고 겪을 수밖에 없는 삶의 처절함이다. 그리고, 이를 들여다보는 건 철저히 중립적이다. 긍정적이지도, 부정적이지도 않다. 왜냐하면, 주인공 기훈이 그랬던 것처럼 이 모순으로 가득한 삶에도 최소한의 사람다움을 잃지 않으려고 몸부림치는 본능이 담겨 있기 때문이다. 이는 기훈이 특별한 영웅이어서가 아니다. 사람이라면 모두가 가진 본성임을 역으로 입증한 것이다.

성경 인물로 돌아와 보면 이른바 게임 이론에 관한 우리의 생각이 한층 명료해진다. 구약성경에 등장하는 숱한 인물의 모습에 내포된 갈등이 곧 갈등하는 기훈의 초상과 같은 궤적을 보여준다. 아브라함은 아내를 여동생이라 속이면서까지 자신의 자리를 지키고 성장하려 하는 비겁한 모습을 보여주기도 했지만, 오직 여호와의 부름을 따라 보장되지 않은 땅으로 한 걸음 대범하게 내딛는 기개를 보여줬다. 다윗은 신을 향한 지치지 않는 열정과 신의 선택을 받은 이스라엘 민족을 향한 놀라운 민족의식을 고취하고 많은 이들을 감동에 빠지게 했지만, 시편에 기록된 자기 고백처럼 언제 어느새 자신의 지위, 명예가 짓밟힐지도 모를 불안에 사로잡히기도 했다. 어디 그뿐인가. 사도 바울 역시 놀라울 정도의 대범하고 치밀한, 예수 그리스도를 향한 믿음을 고백했지만, 주변 동역자와의 잦은 충돌로 인해 불화가 깊어지는 어려움을 겪기도 했다. 이렇듯 성경 속 인물을 통해 드러난 파노라마를 통해 우리는 오징어 게임이 그리는 참혹함을 어떻게든 돌파하려는 생존의 다른 방식을 보게 된다.

여기에 또 하나의 결정적 요인이 존재하는데, 바로 '이것은 게임'이라는 명제의 긍정이다.

우리는 게임을 대부분 쾌락과 중독이란 폐해의 위험성을 내포한 장르로 이해하는 경향이 짙다. 하지만, 게임을 중립적 가치 내지는 오랜 시간 축적된 인문학적 가치로 조명해 보면 가장 특별하면서도 변하지 않는 특징을 지니고 있는데, 그것은 바로 말소와 재부

팅이 가능하다는 특성이 있다. 그리고 이 시작은 언제든 다시 시작할 수 있다는 무한 재부팅의 희망으로 연결된다. 오징어 게임이 충분히 잔혹했지만, 남녀노소 가리지 않고 다양한 애청자를 보유하게 된 배경엔 '이것이 게임이다.'라는 인식이 기본적으로 전제된 탓에 안심하고 영상물을 즐길 수 있다는 점이다. 이 역시 단순히 해로운 오락물이란 가치 판단을 배제하고 본다면 의지를 품고 있다면 언제든 취소하고 다시 시작할 수 있다는 무한 재부팅의 희망으로 해석할 수 있다. 게임이란 장르의 기반은 '이것은 게임, 드라마'라는 거리 두기에 있다. 거리 두기가 궁극적으로 요구하는 건, 우리가 발 딛고 사는 이 세계를 바라보는 시선과 힘, 세계를 향한 통합적 성찰이다. 오늘, 우리가 사는 우리 사회의 현실을 냉정하게 들여다보는 힘, 우리의 어제와 오늘, 그 역사를 진실의 도상 위에 올려두지 못하고 왜곡하는 큰 흐름이 무엇인지를 생각하고 반성케 하는 성찰의 장을 마련하는 게 바로 거리 두기의 힘이다. 그런 면에서 오징어 게임은 인생을 상징하는 게임이란 점을 끝까지 유지한 긴장감과 동시에 성찰의 틈을 제공하고 있다. 이것이 오징어 게임을 통해 새삼 발견하게 된 또 하나의 기독교 세계관이라 할 수 있다. 왜냐하면, 성경 속 이야기가 밝히고 있는 하나님 앞에선 다양한 인간 군상의 좌절과 고뇌, 이를 극복하게 하는 새로운 생명의 솟구침 역시 역설적으로 '나'를 온전히 '나'라는 그물 안에서만 파악하지 않고 객관적 성찰의 지점에서 바라볼 수 있게 하는 거리 두기의 장을 펼쳐 놓고 있기 때문이다.

물론 게임의 긍정성을 성찰하는 것과는 별도로 오징어 게임의 선정성이 가져온 비윤리적 불편함에 대한 비판은 피하기 어려울 것이다. 돈 앞에서 모든 인간이 무릎 꿇는다는 식의 도식화된 인간상을 모든 현대인의 모습인 것처럼 규정하는 섣부른 일반화도 경계해야 한다. 하지만, 필자는 오징어 게임이 보여준 이 논쟁의 틈새에서 기독교적 대화의 기회를 본다. 자극과 탐욕에 길들인 현세태의 콘텐츠 생산 구조에 관한, 있는 그대로의 비평 지점이 세상과 기독교 사이에 유의미한 소통의 틈새를 열어주는 것이다.

　우리가 살아가는 세속세계는 일방적으로 단죄하거나 거칠게 교정해야만 직성이 풀리는 소돔과 고모라가 아니다. 기독교인도 세상과 다를 바 없이 같은 모순과 아픔을 겪는 인간군상의 하나라는 전제로 세상을 바라봐야 한다. 역설적으로 복음은 기독교와 세상이 크게 다르지 않다는 인식의 바탕에서부터 시작될 것이다. 이 가혹한 세상 속에서 그대로 어떻게든 부둥켜안고 사랑을 말하는 존재라는 거룩한 모순을 조심스럽지만, 꾸준히 말하게 될 것이다.

게임에는 게임, 복음에는 복음

넷플릭스 시리즈

그날, 대통령의 심장이 멈췄다

돌풍

ONLY ON NETFLIX | 6월 28일 공개

'돌풍'

냉소와 성찰에 관하여

넷플릭스 오리지널 시리즈로 공개된 12부작 <돌풍>은 이처럼 우리가 이미 <추적자 The Chaser>와 <황금의 제국>, <펀치>같이 권력층의 비리와 이를 돌파하는 작품으로 잘 알려진 박경수 작가의 작품이다. 그의 작품에서 유독 인상적인 부분은 바로 대결 구도다. 권력 3부작으로 알려진 <펀치>와 같은 작품에서 도드라지게 나타나듯 온갖 카운트 펀치가 난무하면서 이 속절없이 무너져 내리는 세상의 살풍경을 그려내고 있는데, <돌풍> 역시 박경수 작가의 숨 쉴 틈 없이 몰아치는 작법을 유감없이 선보이는 작품이다.

<둘풍>의 주요 소재는 그 시작부터 파격적인데, 바로 대통령 시해 시도다.

<돌풍>의 시작이자 로그 라인은 국무총리 박동호(설경구 역)의 장일준(김홍파 역) 대통령 시해 시도다. 둘은 개혁의 기수로서 한때, 운명공동체와 같은 정치적 결사체였다. 주요 골자는 정경유착의 썩은 고리를 뽑아내겠다는 것이 둘의 공동 목표였다. 하지만, 그런 장일준이 대통령이 되자 돌변했다. 장일준을 유일한 재벌 개혁의 보루로 믿고 그를 대통령의 자리에까지 오르게 하는데 헌신했던 박동호가 발견한 진실은 참담했다. 대진그룹이란 속칭 정경유착의 상징과도 같은 족벌 기업이 정관계에 무차별적으로 살포한 비자금을 추적하던 중, 대통령이 금품을 수수한 정황을 포착한 것

이다. 대통령을 돌이키려 했던 박동호, 하지만 칼날은 오히려 박동호를 금품 수수 혐의로 구속하려는 황망함뿐이었고, 그 극적인 절망 앞에서 박동호는 장일준 시해를 결심하고 만다.

"야무진 놈이다 싶어서 국무총리 옷을 입혀 줬더니, 동호야 내가 입혀준 옷으로 내 허물 덮어주는 게 그리 어렵드냐."

대통령 장일준이 생각한 박동호의 국무총리직은 자신의 허물, 부패와 비리를 덮어주는 이른바 동지의 방패막이였다. 하지만, 박동호는 전혀 달랐다. 박동호는 자신의 신변 보호에 목숨을 거는 게 아니라 재벌 개혁의 마지막 퍼즐을 맞추기 위해 도저히 꿈꿀 수 없던 일을 시도한다. 대통령이 피우는 전자담배 액상의 약물을 교체하고, 그로 인해 대통령은 의식을 잃는다. 지병이던 대통령의 심근경색이 재발한 것처럼 보이지만, 실상은 약물 교체로 인한 시해 시도가 분명하다.

　박동호는 왜 이런 초유의 사태를 초래했을까. 대통령 유고 시 국무총리가 그 권한을 대행한다는 헌법이 결정적이었다. 박동호는 권한 대행을 수행하는 동안 장일준을 부패와 타협의 대통령으로 전락시킨 족벌 대기업의 총수 대진그룹과 한때 운동권 출신이었지만 권력을 쥐기 위해서라면 무슨 짓이든 서슴지 않는 괴물로 변해버린 정수진(김희애 역) 경제부총리를 축출하는 개혁을 완수하고자 한 것이다. 하지만, 권력에 기생하는 괴물들은 절대 호락호락하지 않았다. 박동호가 대통령 권한 대행을 수행하는 동안 그의 권한 대행을 말 그대로 대행의 수준에만 머물게 하려고 권력의 불나방들은 언론과 정치권력을 총동원해 박동호의 개혁을 혼란과 오염의 구렁텅이로 몰아넣는다.

　드라마 돌풍은 처음엔 박동호와 장일준의 대결 구도가 주요 볼거리였지만, 드라마 전면에 걸쳐 투쟁하게 되는 대결 구도의 정점

엔 박동호와 정수진이 자리 잡는다. 물론 이러한 둘의 싸움은 결코 페어플레이 내지는 정석적인 루틴을 따라가지 않는다. 교활한 술수로 기생해 온 대진그룹의 재벌 2세 강상운(김영민 역)이 때론 정수진의 편에서, 때론 박동호의 편에 서며 둘의 정치 싸움을 탁류의 혼탁한 물길 속으로 몰아넣는다.

또한, 박동호와 정수진의 대결 구도에서 정치인의 신념, 그 타락할 수밖에 없는 민낯을 촉발하는 조연들의 파노라마가 펼쳐진다. 한때, 운동권 투사였지만 지금은 타락하고 비루한 권력의 뒤란만을 탐하는 정수진의 남편 한민호(이해영 역), 박동호와 같이 끝까지 정의의 편에 서고자 발버둥 치는 서울중앙지검장 이장석(전배수 역), 한때 신선한 정치의 아이콘이었지만, 이제는 입만 열면 악취가 풍기는 교활한 능구렁이가 되어버린 노회한 여당 중진 국회의원 박창식(김종구 역), 공안 검사 출신의 야당 당 대표 조상천(장광 역), 거기에 족벌 대기업 체제의 선봉에 선 대진그룹 강회장(박근형 역) 등과 같은 조연들이 박동호가 걷고자 하는 개혁의 길에 끝없는 변수와 암초를 만들어 내면서 드라마 <돌풍>은 예측불허한 이야기 소용돌이로 시청자를 몰아세운다.

다소 혼란스러운 복마전 같은 이야기 전개에 호불호가 있을 수 있지만, 작가의 주요 메시지로 밝힌 '위험한 신념'과 '타락한 신념', 그사이의 충돌에 집중해 있다.

'위험한 신념'은 박동호의 몫이다. 그는 검사 출신 국무총리로 자신이 옳다고 믿는 세상의 실현을 위해 인권변호사 출신 정치인 장일준의 뒤를 따랐고, 장일준이 진정으로 자신이 옳다고 믿은 반칙 없고, 법 앞에 누구나 평등한 재벌 개혁에 앞장설 최후의 보루로 믿었다. 하지만, 대통령은 변절했다. 아니, 대통령 장일준은 그건 변절이 아니라 대의를 이루기 위한 대승적 차원에서의 길이라고 믿었다. 하지만, 박동호에겐 그건 변절일 뿐이고, 썩은 가지를 도려내기 위해 대통령 시해를 마음에 결의한다. 박동호 역시 자기모순에 빠진 것이다. 자신의 위험한 신념, 그 대의를 이루기 위해서

157

라면 사람의 목숨을 위협하는 도덕적 해악을 감수해야 한다고 믿은 것이다.

'타락한 신념'은 정수진의 몫이다. 학생운동 시절 그녀는 '정의로운 세상'을 부르짖었다. 공안 검사의 모진 고문에도 견뎌내며 정치판에 뛰어들어 장일준의 편에 서서, 장일준이 대통령이 되는 데 일등 공신이 되었다. 하지만, 그 과정에서 그녀의 '정의로운 세상'은 동지와 가족에게 발목이 붙잡히고 만다. 한때 '민주 쟁취, 독재 타도'를 외치던 구국의 강철대오 전대협(전국대학생대표자협의회)인 그녀는 같은 운동권 동지이자 지금의 남편인 한민호가 재벌의 더러운 돈을 부당하게 잡은 치부 앞에서 본래 품었던 독재 타도의 신념을 가족과 동지를 지키는 타락한 신념으로 변질시킨 것이다.

이 두 신념의 정면충돌이 전개되는 과정에서 드라마 <돌풍>은 놀라울 정도로 처절한 회의주의의 시각을 여실히 드러낸다. 마치

성경 전도서의 기록자인 솔로몬이 외치는 '헛되고, 헛되다!'라는 탄식이 메아리쳐 울릴 정도로 말이다.

'거짓을 이기는 건 진실이 아니야, 더 큰 거짓말이지'

거짓은 진실을 이길 수 없다는 격언을 뒤튼 이 말이 개혁을 신념의 최선봉에 앞세우던 박동호에게서 나온 말이라는 게 모순이다. 정치인들의 입바른 소리, 원론적인 말들은 아무런 도움을 줄 수 없다는 회의주의는 때론 엄청난 집념의 에너지로 증폭하기도 하지만, 또 한편으로는 이런 복마전의 한가운데에 시민의 역할과 목소리가 철저히 선동에 묻혀 있다는 안타까움을 낳기도 한다. 드라마 <돌풍>에서 시민들은 정치인의 말 한마디, 언론의 뉴스 한 조각에 놀아나는 몽매한 집단으로 그려진다. 이는 시민이 무지하다는 게 아니라 그만큼 이 사회의 집단 지성을 농락하는 정치, 언론 권력의 강고함에 관한 회의주의적 고발로 봐야 할 것이다.

이 대목에서 생각하지 않을 수 없었다. 시민 사회, 개혁 사회에 나름 일조했다고 보는 기독교는 이 회의주의에 관해 어떤 답을 줄 수 있을 것인지에 관해. 어떤 관점에서 보면 가장 세속적인 정치 드라마라고 할 수 있는 <돌풍>을 보면서도 필자는 속칭 예수쟁이 관점에서 대화해 보고 싶은 충동을 피할 길이 없었고, 다시금 교회를 생각하게 되었다.

내가 이 땅에 발을 딛고 살면서 함께 했던 교회, 그랬다. 분명 필자에게 교회는 희망이었다. 한때, 세상에 관한 냉소와 회의의 반대 테제로서 교회를 희망의 보루로 삼은 적이 있다. 하지만, 드라마 '돌풍'을 돌이켜보며 한국 교회의 흥망성쇠를 보는 듯한 기시감이 드는 건 왜일까.

드라마는 타락한 현실 정치와 타락한 신념의 인물 군상을 보여준다. 하지만, 이 세상과 뒤섞여 있는 교회 현실을 간과하고 넘어가긴 어렵다는 생각 또한 강하게 들었다. 한국 교회가 그간 폭발적인 양적 성장을 일구고, 하나님의 축복이란 구호를 무기 삼아 성장해 온 지금, 이제 그 성장의 임계점에서 수많은 청구서가 돌아오고 있다는 사실이 드라마 <돌풍>에서의 회의주의를 그대로 닮아있다는 생각을 지우기 어려운 것이다. 문제는 오히려 기독교의 신념이 쉽게 회의주의에조차 빠지기 어려운 신앙의 견고함을 장착했다는 사실이다. 신앙은 불변해야 한다는 신념, 예수 사랑, 하나님의 나라는 결코 변할 수 없다는 절대 테제를 설정해 놓고, 인간의 유약함만을 탓하며 교회를 성역으로 설정, 면죄부를 주다 보니 교회가 어느새 내부에서부터 썩어들어간 타락의 비린내에 무감각해진 권력기관으로 전락한 현실과 마주하게 된 것이다.

더욱 서글픈 것은 오늘의 교회가 현실 정치를 비판하고 곱씹으며, 문제가 무엇인지, 어디서부터 잘못되었는지를 성찰하려는 힘을 너무 빠르고 무력하게 상실했다는 점이다. 성찰의 힘 자체를 교회의 절대 권력을 향한 불신의 상징으로 보는 태도가 만연한 현실,

신앙의 힘이 모든 것을 이긴다는 근거 없는 낙관이 가져온 가장 큰 재앙에 관해 교회에서만큼은 결코, 생각하지 않으려는 눈 막고 귀 막아버린 소통 불능의 현실이 뼈 아프기만 하다.

성찰의 방법론에서 교회가 가장 치열하게 고민해야 할 지점은 교회와 하나님 나라가 무조건 옳다는 식의 이상주의를 내려놓는 것이다. 예수의 가르침이 인생의 모든 답을 줄 수 있다는 드높은 기대가 도리어 예수를 슈퍼히어로로 만들어 놓고 모든 걸 해결해 주는 해결사처럼 받아들이게 되는 것이다. 하지만, 생물적인 현실은 그렇지 못하다 보니 교회는 점점 세상과 멀어지고 옛 추억의 전통에만 호소하는, 기념일에나 찾아가는 종교기관으로 전락한 것이다.

이 근본적 타락을 조금이라도 유예해야 하지 않을까. 그래도 교회가 사람답게 사는 세상, 하나님 나라를 생각하는 곳이라는 희망의 장소로 역동해야 하지 않을까. 지금이라도 늦지 않았다.

교회는 무조건 옳다라는 이상주의를 내려놓고 회의와 성찰을 반복하며 앞으로 나아가야 한다. 길이 보이지 않고 주저앉더라도 거듭 회의와 성찰을 곱씹을 때, 길 아닌 길, 다메섹 도상에서 바울의 생을 바꾸었던 진리의 빛이 스며들 것이다.

회의주의를 넘어 성찰의 세상으로…

KBS2 수목드라마

$2\,0$ 학교 $2\,1$

모르고 지나치기엔 *특별한* 우리

김요한 조이현 추영우 황보름별 11월 24일(수) 밤 9시 30분 극본 김민태 홍준이 연출 조영광 룡착선

14

'학교2021'

조금은 다른 세상을 꿈꾸며

2021년 11월에서 시작해 2022년
1월까지 방영되었던 KBS2 수목 드라마 '학교'는 KBS가 일종의
브랜드 상품처럼 출시하던 학교 시리즈의 여덟 번째 작품이다. 드
라마 '학교'는 KBS를 대표하는 공익과 화제성을 아우른 프랜차이
즈 드라마와 같은 성격을 가졌다. 화제성 측면에서는 현재 방송과
연예계의 중심으로 선 청춘스타를 배출한 등용문이란 점에서 독보

적이라 할 수 있겠다. 또한, '학교'는 공익적 측면에서도 무시 못 할 영향력을 발휘했는데, 한국의 특수한 입시 환경, 소외되기 쉬운 10대 안팎의 이야기를 다뤘다는 점, 교육 제도와 인간다움에 관한 일종의 이야기로서의 윤리를 보여줬다는 측면에서 공익성이 강했다고 볼 수 있다. 그리고, 여덟 번째 시리즈로 선보였던 '학교 2021'은 여기에 시리즈 최초로 특성화고등학교를 배경으로 다뤘다는 점에서 공익성을 아우르는 깊이를 더했다는 점에서 눈길을 끌었다.

드라마 로그라인 역시 이상하게 눈길을 끈다. 입시 경쟁이 아닌 다른 길을 선택한 아이들. 모호한 경계에 놓인 열여덟 청춘의 꿈과 우정, 설렘의 성장기라는 지점이 그렇다. 이 로그라인이 독특한 점은 우리가 흔히 접하는 최근 10대 이야기에서 배출되는 설렘을 기대하는 요소가 다분히 자극적이거나 지나치게 이상적인 점에 치우쳤다는 평가를 받는 데 반해, 그와 비교해 보면 학교 시리즈 여덟 번째 작품인 '학교 2021'은 신기할 만큼 리얼리즘 편에 서 있으면서도 그 역시 신기할 만큼 충실한 10대 로맨스의 문법을 추구하고 있다.

전체 이야기는 묵직하면서도 그렇게까지 무겁지 않은 10대 로맨스의 선을 적절히 구축하고 있다. 어른들의 탐욕과 위선, 그들이 만들어가는 오염된 세상과 별개로 나름의 아픔과 슬픔도 품었지만, 꿋꿋하게 삶의 성장을 신의 축복으로 받아들이는 세 명의 특성화고등학교 아이들의 청춘 로맨스가 또 하나의 이야기 축을 담당하고 있다.

무엇을 하든 멋져지고 싶지만, 재능이 조금은 모자란 기준(김요한 역), 그는 현재 놀지 과학기술고등학교 건축디자인 학과에 다니며 돈을 버는 일이 급선무가 되었다. 할아버지와 단둘이 살았던 집이 경매에 넘어가면서 상황이 다급해진 그에게 두 사람이 눈에 들어온다. 어릴 적부터 절친이었지만, 지금은 어색해진 영주(추영우 역), 역시 어릴 적 첫사랑이었지만 인정하고 싶진 않은 지원(조이현 역)이다. 집안 사정상 지원의 집에서 함께 지내게 된 기준에게 지원은 제법 폼 나게 거리 두고 싶지만, 자꾸만 눈에 걸리는 묘한 친구로 자리 잡는다.

그런 기준을 바라보는 지원은 남들처럼 평범한 길을 걷길 거부하며 자신의 꿈을 추구하는 뚜렷한 소신의 소유자다. 집을 짓는 목수가 꿈인 그녀는 엄마의 결사반대를 무릅쓰고 설립자가 유명한 목수 출신이란 점에 주목, 눌지 고高에 입학해 하루빨리 현장에 나가 목수 기술을 배우려는 목표와 기대에 부푼 인물이다. 길이 없으면 스스로 만들어서라도 나가겠다는, 포기나 낙담이란 단어가 아예 입력되어 있지 않은, 오직 직진만을 위해 달려가는 지원을 수식하는 전부였다. 하지만 그런 그녀에게 예외적 존재가 '훅!' 하고 들어온다. 초등학교 때 인연인 기준이다. 기준은 뭔가 불편하지만, 자꾸만 다시 보게 하는, 멎었던 설렘의 심장을 다시 뛰게 만드는 특별한 존재로 다가온다.

그리고, 이 둘 사이에 필연적으로 스며든 존재인 영우가 있다.

기준과 누구보다 절친이었지만, 풀지 못한 숙제를 안고 있는 그의 눈에도 지원이 들어온다. 그로 인해 이 세 명의 10대는 통과의례처럼 겪는 사랑의 설렘과 아픔에 직면하며, 성장을 위한 한 걸음을 딛는다.

여기에 이야기의 또 한 축이 있는데, 바로 학교와 관련된 비밀이다. 영주의 형인 철주가 눌지 고등학교 재학 시절 한 건설회사에 현장실습을 나갔다가 불의의 사고를 당하는 아픔을 겪었다. 철주는 건설회사를 상대로 손해배상청구 소송을 진행했지만, 눌지 고등학교는 철주가 아닌 철저히 건설회사의 편을 들었다. 내막을 알고 보니 눌지 고등학교가 문제의 건설회사가 운영하는 재단 소속 학교였기 때문이다. 학교 선생이자 건설회사의 감리사였던 강훈(전석호 역)은 회사의 낙후된 기계 교체를 요구했지만, 회사는 결국 이를 무시했고, 그로 인해 학생 철주가 사고를 당했기에 강훈이 법정 증언을 하게 된다. 이를 괘씸히 여긴 학교 재단 이사장으로부터 일방적인 해고 통보를 받게 된 강훈, 이에 영주는 이강훈 선생의 부당해고 과정이 담긴 회의록을 열람하기 위해 밤에 이사장실에 몰래 잠입하게 되는데, 공교롭게도 CCTV엔 영주가 아닌 기준이 목격된다. 이야기는 이후, 재단이 숨기고 있었던 비밀과 담합, 학생들을 돌보고 가르쳐야 할 학교의 우선 목표를 훼손해 왔음에 관한 고발의 이야기로 발전된다.

'학교 2021'이 말하고자 하는 주제는 비교적 명징하며 그 메시지에 담긴 시의성 또한 풍부하다. 대한민국 고등학생의 15% 정도를 차지하는 특성화고 친구들의 이야기를 본격적으로 다루고자 한다는 점이 그렇다. 입시제도의 모순, 경쟁 등을 다루거나 10대 로맨스를 다룬 드라마는 많았다. 하지만, 조금은 다른 세상을 꿈꾸는 10대의 이야기를 다룬 드라마는 거의 없었다고 봐도 무방하다. 그런 측면에서 '학교 2021'은 공익성과 화제성이란 KBS의 프랜차이즈 드라마 '학교' 시리즈의 정체성, 더 나아가 오늘 우리의 현실을 적절히 반영한다는 데에는 이론의 여지가 없어 보인다. 아쉬운 것은 '학교' 시리즈 드라마의 후속편 소식이 더는 들려오지 않는다는 점이다. 자극과 유행에만 함몰된 이야기 이외의 시도, 숨은 적이 없는데, 숨겨진 아이들과 같은 둔중한 주제 의식을 추구하는 드라마의 지속적인 제작, 방영이 소중해지는 요즘이다.

아울러 드라마 '학교'를 통해 지극히 자연스럽게 한국 교회의 청소년 기독교인을 생각하게 된다. 청소년을 비롯해 근본적으로 한국의 기독교인은 삶과 생활에서 비기독교인이 볼 때, 모범적인 삶을 살아야 한다고 스스로 생각하는 자기 강박이 강하게 작동하는 듯하다. 그러다 보니 교회를 섬기는 청소년 기독교인의 자세 역시 근본적인 교육 제도나 사회 현실에 관한 모순을 돌파하는 성찰 기제로 작동하기보다는 주어진 교육 제도, 정글 자본주의가 잉태한 입시 경쟁의 프레임을 누구보다 더 성실하게 받아들여 그 주어진 구조에서 선한 영향력과 비기독교인에게 모범을 보여주는 삶을 꿈꾸게 되는 것이다. 교회를 잘 다니고, 기도를 열심히 하면, 하나님께서 좋은 내신 관리도 이루어지게 해줄 것이고, 좋은 대학에 합격시켜 줄 수 있다는 믿음, 그렇게 좋은 대학에 가면 비기독교인의 모범이 되어 복음을 전파할 수 있을 거란 믿음이 설정된 것인데, 결국, 그 믿음이란 것 역시 현실 제도의 모순에 관해 한 터럭의 성찰도 할 수 없는 종교적 무뇌아로 인도하는 게 아닐지 모를 일이다.

한 편의 드라마를 보면서도 우리는 자연스럽게 세대를 막론하고 한국 교회가 처한 어제와 오늘을 생각하지 않을 수 없게 된다. 적어도 우리가 기독교인이라 불린다면, 만약 그렇다면 지금이라도 우리 시대의 학교, 우리 시대의 교육 제도가 맞이한 재앙적 현실에 관한 쓴소리 한 마디, 적극적인 의견 개진이 선행했으면 좋겠다는 바람을 간절히 담아본다.

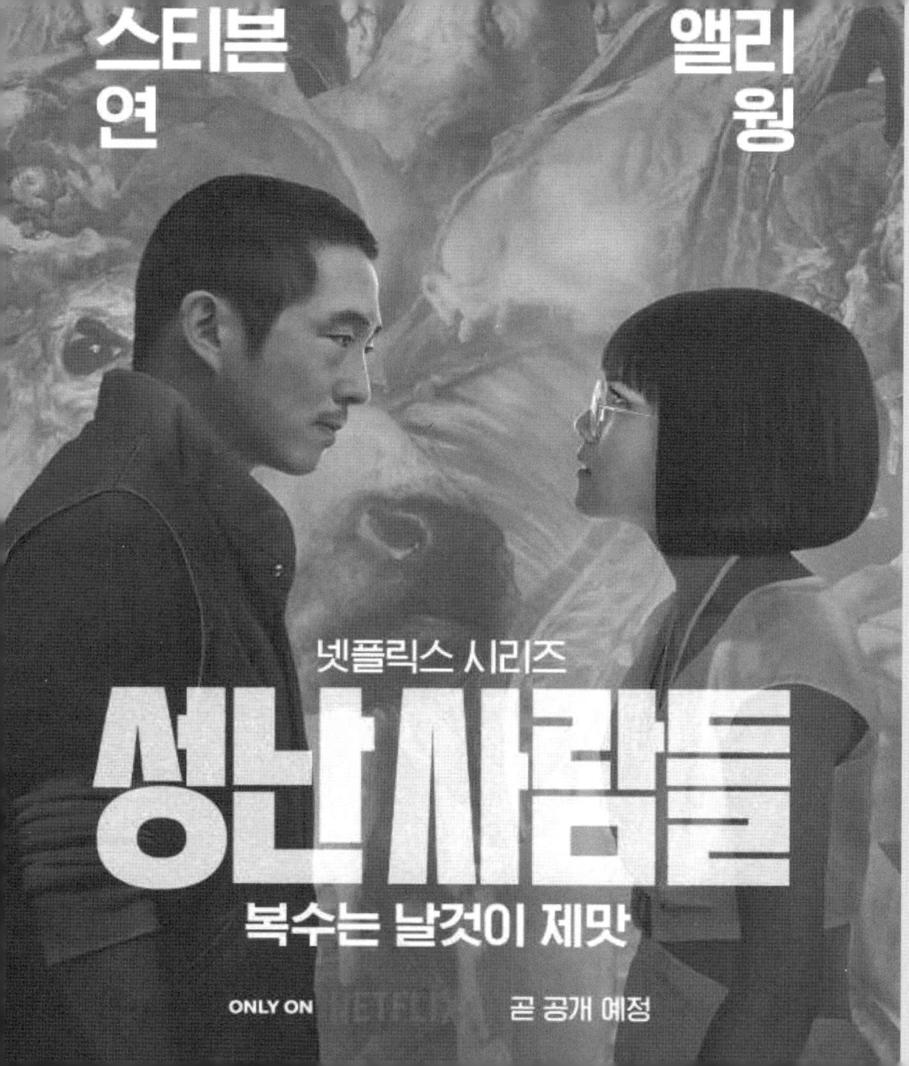
스티븐
연
앨리
웡
넷플릭스 시리즈
성난 사람들
복수는 날것이 제맛
ONLY ON
곧 공개 예정

'성난 사람들'

화가 날 수밖에 없는 우리를 돌아보며

*"세상에 태어나서 이런저런 선택을
하다가 정신이 들어보니 여기네"*

드라마 속 남자 주인공 대니(스티브 연 역)가 내뱉는 한숨과 같은 대사의 한 줄이다. 이 말을 처음 듣는 경우 얼핏 후련한 기분마저 들을지도 모른다. 하지만, 주인공 대니가 이 말을 하기까지 겪어온 폭주 기관차 같았던 속도, 시간이 갈수록 비틀려만 가는 사건의 원치 않는 확장을 시청하게 되면 생각이 달라질 것이다. 극찬에 가까운 호평을 받으며 각종 미국 드라마 시상식을 석권한 명작이라는 상투적 찬사를 넘어선 생각하는 만드는 뒷맛을 느끼는 것이다.

성난 사람들의 원제는 'Beef' 불평, 투덜거림이다. 2023년에 넷플릭스 오리지널 시리즈로 공개되어 공개 직후부터 큰 화제를 모은 드라마의 제목이 '불평'인 이유가 제법 명확하고 설득력 있게 그려진다. 이를 이야기 문장, 이른바 한 줄 요약으로 설명해 보면 더 단순해진다. 미국 오렌지카운티에 삶의 터전을 꾸린 아시안 계 남성과 여성의 끝 모르는 싸움을 그린 작품이다.

잡무에 가까운 수리 업무를 하청받아 일하는 남자 대니가 미국식 대형마트에 숯불화로를 환불하고 돌아오던 길에 고급 차의 경적에 참을 수 없는 분노를 느끼고 그 차를 추격한다. 대니와 위험천만한 추격전을 벌인 상대 차주는 에이미(엘리 윙), 식물을 투자 상품으로 대하는 갤러리를 운영 중인 사업가다. 한눈에 보이는 그녀의 외형은 누가 봐도 우아하고 완벽해 보인다. 그녀의 삶과 가족을 들여다보면 더욱 그렇다. 고급 주택가에서 고급 차를 몰고 쇼핑을 즐기는 모습, 유명세가 남다른 예술가 아버지 밑에서 자란 남편과의 사이에 어린 딸을 둔 그녀의 겉면만 보면 그렇다는 것이다. 하지만, 그녀 역시 무능한 남편을 대신해 사업을 진행했지만, 여의찮고 갤러리를 매각하려 하지만 그 과정에서의 진통이 상당한 상태였다.

결국, 대니는 에이미의 차를 놓치고 만다. 허탕에 찬 울분을 억누를 길 없이 집에 돌아온 그의 인생 역시 에이미와 다르지 않다. 그는 미국 사회의 높은 벽에 부딪혀 일상이 좌절로 점철된 인생을 살고 있다. 마냥 선량해 보이지만 단지 그뿐인, 숙박업소 하나 운영하는 게 생의 전부였던 대니의 부모는 가짜 분유를 숙박업소에서 판매하다가 적발되어 사업을 접고 한국으로 건너가 삼촌 밑에서 일하는 신세로 전락했다. 친동생은 마음을 다잡지 못하고 패배자처럼 게임과 코인 투자, 한탕을 조장한 각종 유혹에 쉽게 넘어가 버린 상태에서 대니 혼자 집안을 어떻게든 꾸려나가려는 책임감에 숨 한 번 제대로 쉬기 어려워한다. 또 한편으로 대니와 에이미, 드라마의 두 축을 이루는 주인공에겐 쉽게 외면하기 어려운 어린 시절의 그늘도 존재한다. 단순 트라우마로만 취급하기 어려운 그늘의 기억이 현재 직면한 어려움의 그늘과 포개어져 있다. 그 중첩된 그늘의 감정이 알 수 없는 스트레스와 막막함과 결합하여 급기야 끝을 모르는 분노의 감정으로 치닫게 한다. 그리고, 여기, 이 분노의 기원에 드라마 '성난 사람들'은 한 가지 외면할 수 없는 구성 요소를 가미한다. 바로 이들이 이민자 2세대라는 사실이다.

미국 사회 자체가 자유와 평등, 다양성의 평등을 제아무리 주장하고 제도화한다고 하더라도 무한경쟁이 노출된 사회 속에서 켜켜이 쌓여버린 인종차별의 그늘을 모두 씻어내기란 불가능에 가깝다. 한국계 미국인인 대니와 중국계 에이미. 두 주인공은 겉으로만 보면 미국에서 나고 자랐기에 미국식 문화와 정서에 뼛속 깊이 녹아들어 있다. 영어 구사 능력 역시 완벽에 가깝다. 하지만, 두 사람을 여전히 지배하고 있는 아시아계 특유의 감정이 폭탄의 뇌관처럼 꿈틀거리고 있다. 미국 상류층으로 진입하고 싶은 비주류의 욕망과 더불어 사회에서 밀려나지 않으려고 어떻게든 견뎌 보려는, 반드시 그래야만 한다는 정착에 관한 책임감이 폭탄의 뇌관이 되고 말았다.

책임감은 긍정적 각성을 일으키는 감정 아니던가. 물론 그렇다. 하지만, 그 책임감을 온전하고 평안하게 지속하기에 완벽한 미국인도, 그렇다고 아시아의 정체성을 온전히 누릴 수 있는 것도 아닌 이민 2세대에게 주어진 책임감은 필연적으로 정체성 혼란과 함께한다. 그러다 보니 늘 실패에 관한 불안감, 욕망의 좌절, 켜켜이 쌓인 그늘의 지배를 지속하는 것이고, 그래도 삶을 제대로 꾸려보

고픈 책임감이 충돌하면서 극단적 분노로 발전하게 되는 것이다.

대니와 에이미, 남녀 간의 다툼이란 언제든 있을 수 있다. 하지만, 이 둘이 대립하고 다투는 가운데 터져 나오는 분노는 그 수위가 이해할 수 없을 정도로 극단적이다. 그렇게 둘은 죽음에 이를 정도의 위태로운 싸움과 복수를 전개하고, 결국 둘의 싸움은 파국을 향해 치닫는다. 시청자에게 한 치의 여유도 주지 않고, 숨 쉴 틈도 주지 않은 채.

무엇보다 이 드라마에 주목할 수밖에 없게 하는 건 아시아계 이민자들, 더 나아가 정착하지 못했다는 불안감과 정착해야만 한다는 책임감이란 이중고를 품은 우리네 인생을 풍자한다는 점이다. 이는 단순히 이민자들에게만 쌓인 차별과 결핍에 관한 분노의 표출이 아니기에 더욱 무겁게 받아들여진다. 물리적인 이민자가 아니어도 현대인에겐 모두 정착하고 싶지만, 정착할 수 없는 떠돌이의 불안과 두려움을 안고 있다. 그것이 오늘의 우리 모습이기에 더 엄혹한 설득력으로 다가오는 게 아닐까. 불안의 은유를 세련되고 풍자적 방식으로 풀어낸 '성난 사람들'이 보편적 관심과 사랑을 받는 이유도 거기에 있을 것이다.

아울러 '성난 사람들'을 통해 우리는 이민자의 은유를 성경 속 이방인의 상징으로 읽을 수 있게 된다. 기독교를 국교와 같은 가치로 내세우는 미국, 그 아메리칸드림의 원형은 본래 우리 모두 이방인이라는 정서의 공유로부터 비롯되었기 때문이다. 영국에서 신앙의 자유를 쫓아 신대륙을 발견한 미국의 초대 개척자들, 그들의 눈에 비친 이곳은 철저히 이방인 정서의 공유였다. 시작부터 이방인으로 시작했으니, 정통을 논해야 할 이유가 없다. 미국을 대표하는 정통을 굳이 말하라고 하자면 불평등의 가치가 소멸한 세상, 그것이다.

'성난 사람들'을 통해 우리는 기독교적 가치의 씁쓸한 역설과 마주하게 된다. 익명의 그들 역시 한때는 미국적 자본주의에 어울리지 못하고 아웃사이더처럼 떠돈 이들이 대부분이겠지만, 어쩌다

익명의 그들 중 일부가 자본주의에 뼛속 깊이 스며들고 나면 자신들의 밥그릇을 빼앗고 위협하는 이들을 이방인, 아웃사이더 취급하며 평등이 아닌 혐오와 차별을 조장할지도 모른다. 기독교가 정통의 위치에서 이를 조절하고 훈계해야 하겠지만, 오히려 자신의 작은 공동체와 기관을 지키기 위해 혐오와 차별을 조장하는 기독교적 가치의 왜곡된 합리화를 도입하게 되지는 않을까 두려운 것이다.

기독교적 가치의 바름은 모두가 소외되지 않고 그리스도 앞에 당당하게 서는 개인, 사회, 공동체다. 우리 기독교인의 정체성은 언제나 주류의 정상성이 아닌 비주류의 탈 정상성을 잊지 말아야 할 때가 임박한 듯싶다.

소리없는 세상에 사랑이 찾아왔다

지니 TV 오리지널

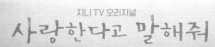

GENIE TV | ENA 11월 27일[월] 밤 9시 첫 공개

정우성 | 신현빈

제작 STUDIO GENIE

'사랑한다고 말해줘'

침묵, 더 깊은 사랑의 농도

지니 TV 오리지널 드라마 <사랑한다고 말해줘>는 침묵 속에 스며든 사랑의 농도에 관한 이야기를 다루고 있다. 손으로 말하는 화가 차진우(정우성 역)와 마음으로 듣는 배우 정모은(신현빈 역)의 소리 없는 사랑을 다룬 이 드라마는 우리에게 사랑의 제일 높은 미덕으로 알려진 소통에 관해 전혀 다른 관점을 제시해 준다는 점에서 묘한 눈길을 끈다. 본래

소통은 정확하고 틀림없는 말을 적재적소에 배치해 상대에게 오해 없이 무결한 결핍의 상태를 지속하려고 하는 것을 뜻하고 있다. 그러다 보니 더 많은 대화, 더 많은 확인과 표현을 요구하는 게 사랑의 최상가치로 여기는 경향이 강하다. 그런데, 그 더 많은 확인과 표현이 오히려 상대를 향한 오해를 불러일으킨다. 소통이 아닌 일방적 자기주장으로 굴절되는 경우 역시 빈번하다. 우리는 원활한 소통을 위해 대화한다고 하지만, 때론 그 말이 상대를 상처 입히고 아프게 하는 폭력의 상흔이 되어 돌아오는 게 아닌지 묻게 된다. 혹은 말이 자신의 이기적인 결핍을 채우기 위한 욕망 충족의 수단으로만 쓰이는 게 아닌지 의심하게 되는 게 오늘의 사회, 오늘의 시대라는 점에서 이 드라마는 소리가 아닌 다른 중심, 곧 마음과 마음을 전달하는 방법을 통해 잠시 주어진 우리의 침묵 역시 사랑의 본질일 수 있음을 역설하고 있다는 사실을 발견하게 된다. 그리고, 그 발견은 우리를 꽤 먹먹하게 한다.

극 중 화가 차진우는 듣지 못하고 말하지 못하는 농인이다. 그런 그에게 유명하기를 욕망하기보다는 마음으로 연기하기를 원하는, 그래서 조금은 시대의 유행에 뒤처질지도 모를 핸디캡을 늘 품고 있는 배우 정모은이 다가온다. 그런 정모은이 차진우에게 건네는 한마디 말 건넴은 새삼 다른 의미로 들려온다. 정모은은 차진우에게 말한다. '자신의 얘기를 들어줘서 고맙다.'라고.

정모은이 차진우를 떠올리게 된 이 상황은 그녀의 마음이 한껏 위축되고 고통받았을 때였다. 무명 배우의 설움을 톡톡히 견뎌야 할 그 상황, 아무리 연기라지만 수없이 뺨을 맞고 물세례를 당해야 하는 단역으로 촬영에 임했지만, 그조차도 다른 엑스트라가 자신의 장면을 빼앗아갈지도 모를, 그 무엇도 확실하지 않은 불안한 경쟁의 칼끝 위에 서 있는, 정모은의 고통은 소통이 불명확해서가 아니라, 말의 전달과 표현이 지나칠 만큼 정확하게, 그래서 더 불확실하고 가혹한 현실로 내몰린 기분이었다. 그럴 때, 그녀는 누군가와 마음으로 소통하길 간절히 원했고, 힘들 때 부르면 언제든

오겠다고 말한 차진우를 떠올렸다. 이때의 감정이 자기 설움과 연민 때문에 비롯된 것일지도 모른다. 하지만, 꾹꾹 담아 둔 감정을 어떤 식으로든 쏟아내고 싶은, 어쩌면 그조차 이기적이겠지만, 그 이기적인 마음을 차진우라면 솔직하게 털어놓을 수 있겠다는 희망을 품게 되었기에 조심스럽고 힘든 하루를 보낸 정모은이 집 앞에 자신을 기다리며 서 있는 차진우를 보고는 슬며시 그의 뒤에 서서 등을 잡고 눈물을 쏟아낸다. 말로 표현하면 할수록 더 감정의 나락으로 떨어지는 악순환 속에서 때로는 말의 미망迷妄에 가려진 마음의 진실을 보게 하는 침묵의 힘을 드라마는 여실히 보여주고 있다.

그리고, 또 하나의 장면 역시 침묵의 숨결에 살아 숨 쉬는 사랑의 농도를 확인케 해준다.

<사랑한다고 말해줘>의 외피는 분명 세상을 향해 듣지 못하고 말하지 못하는 화가 차진우와 마음의 소리를 듣고 싶고, 그 마음

의 소리인 침묵의 소리를 표현하고 싶어 하는 배우 정모은의 '사랑의 본질'에 관해 묻고 있다. 하지만, 이 드라마는 남녀 간의 사랑이란 외피 안팎으로 둘러싸인 우리 사회가 가지고 있는 장애에 관한 편견과 그에 관련된 무차별적인 말의 폭력, 언어의 폭력에 관한 비판적 질문을 벌이고 있다.

극 중에서 차진우가 자신을 숨기고 벽화를 그려온 사실이 알려진다. 그런데, 그 벽화가 철거를 앞둔 지역이란 점에서 이목을 끈다. 곧 철거될 곳이며, 금방 세상 사람들의 눈과 귀에 잊힐 곳이지만, 그곳에도 사람이 살고 있고, 앞으로도 이 세상에 소외되고 잊힐 존재들의 흔적이 남아 있다는 걸 항변하기 위한 메시지가 스며들었다. 차진우는 세상의 명징한 말의 폭력, 소통을 빙자한 자기주장과 자기 욕망의 충족만이 창궐한 세태를 성찰적으로 비판하고 있다.

우리는 묻게 된다. 왜 침묵을 보다 긍정적인 소통의 도구로 생각하지 못했을까에 관해. 그것은 폭력적인 욕망의 세상이 침묵을 힘없고 비루한 것으로 규정해 놓았기 때문이다. 그래서 말로 표현하지 못하는 것에 관한 혐오를 조장하고, 제대로 표현하지 못하고 자기주장을 하지 못하는 이들에게 더 가혹한 침묵을 강요해 왔기에, 바로 그렇기에 침묵은 무능하고 도태된 패배자들의 언어로 간주해 버린 것이다.

드라마 <사랑한다고 말해줘>를 보며, 사람과 사람 사이의 진심에 관해 질문하게 된다. 진심의 전달이 단지 말에만 있다고 생각하는 게 자연스러운 공식이 되어버린 지금, 어쩌면 사람의 진심은 '말' 너머에 있다고 생각할 수도 있게 해주는 여지를 남긴 것이다. 그런 의미에서 드라마는 침묵은 때론 말의 표현 배후에 담겨 있는, 그래서 말의 차원을 넉넉히 끌어안으면서도 이보다 더 큰 의미를 보여주는 진심을 전달하는 도구가 아닐지 생각하게 해준다.

기독교는 영화 드라마를 어떻게 읽는가?

초판 발행 2025년 1월 1일
지은이 주원규
펴낸이 이용필

펴낸 곳 뉴스앤조이
등록번호 제2016-000072호
주소 서울시 중구 퇴계로 36가길 97
전화 (02)744-4116
이메일 task@newsnjoy.or.kr
웹사이트 www.newsnjoy.or.kr
인스타그램 @newsnjoy
디자인 스토리zip

ISBN 978-89-90928-00-9